Theodor von Pachmann

Ein ernstes Wort zum Verständnis der Lehre von der päpstlichen Unfehlbarkeit

Theodor von Pachmann

Ein ernstes Wort zum Verständnis der Lehre von der päpstlichen Unfehlbarkeit

ISBN/EAN: 9783743432024

Hergestellt in Europa, USA, Kanada, Australien, Japan

Cover: Foto ©Lupo / pixelio.de

Weitere Bücher finden Sie auf **www.hansebooks.com**

Ein ernstes Wort

zum

Verständniß der Lehre

von der

päpstlichen Unfehlbarkeit.

Von

Theodor Ritter von Pachmann,

sämmtlicher Rechte Doctor, k. k. Regierungsrath und jubil. Professor der Rechte an der Wiener Universität.

Wien, Gran & Pest.
Verlag von Carl Sartori,
Päpstlichem und Primatialbuchhändler.
1871.

Vorwort.

Weil es sich bei dem Vorworte einer literarischen Excursion nicht um Diäten handelt, so kann ich ohne Selbstbeschädigung bei dem bleiben, was eben dem Leser im Voraus zu wissen nothwendig ist, um über die Denkungsweise und Absicht des Verfassers und über den Plan seines Büchleins ins Klare zu kommen. Ich bekenne mich als römisch-katholisch, will man lieber — ultramontan sagen, so habe ich, wie unbestimmt und albern der fremde Ausdruck auch ist, nichts einzuwenden, muß aber, um mißliebiger Absichtendeuterei zuvorzukommen, sogleich bemerken, daß ich von jener Verquickung, die der neubabylonische Jargon politischen Ultramontanismus nennt, nichts weiß, nichts wissen will, in solcher Richtung weder agitire noch reagire. Denn meine Absicht bei der Veröffentlichung dieser Blätter geht allein dahin, die Anerkennung der neuestens in Rom dogmatisch fixirten Lehre von der Unfehlbarkeit des Papstes in seinen amtlichen Glaubensbestimmungen, begreiflich auch denen, die sich auf **christliche** Moral beziehen, einigermassen vermitteln zu helfen. Den monströsen Ausgeburten einer über alle Schranken der Wahrheit und des Anstandes keck wegsetzenden Presse, die in der ihr gesetzlich garantirten Freiheit freches Lügenspiel treibt und bei der Muthlosigkeit der sie überwachen sollenden Organe des Staates, wie der Kirche, für Durchsetzung ihrer heillosen Umsturzpläne gegen alles positiv Religiöse sicher arbeiten zu können meint, kann sich freilich ein Büchlein, das christlich sociale Ordnung und dafür ein stets brauchbares Princip der Glaubens-Erkenntniß beansprucht, kaum mit einiger

Hoffnung auf Erfolg gegenüber stellen. Doch ein Versuch ist der Mühe werth; vielleicht werde ich „gefunden von denen, die mich nicht gesucht haben" und werde denen erscheinen, „die nicht nach mir gefragt haben." — Was den Plan betrifft, nach dem ich gearbeitet, so suche ich zuerst nachzuweisen, wie alt die im Büchlein vertretene Ansicht bereits ist, gehe dann auf die Gründe derselben über und komme zur Widerlegung aller mir bekannt gewordenen Gegengründe. Die letzteren habe ich vornehmlich zwei Werken entnommen: „Der Papst und das Concil von Janus ꝛc. Leipz. 1869" und „Observationes quaedam de infallibilitatis ecclesiae subjecto. Vindob. 1870" — der Pseudonyme ist mir so wenig bekannt, wie der anonyme Verfasser, der sich gar sehr an den ersteren anschließt, jedoch ihn an Wissenschaft überbietet. Spätere Werke ruhen doch nur auf diesen als Basis, gewiß sind sie noch excentrischer, exclusiver, dünkelhafter. Insbesondere ist Prof. Rit. v. Schulte bereits durch Bischof Feßler gebührend abgefertigt worden! Allegationen habe ich nur so viele gemacht als eben ganz unerläßlich schienen; das Gewöhnliche muß ich als bekannt bei jedem Leser voraussetzen.

Wien, im Juli 1871.

Inhalt.

		Seite
Zahl	1. Einleitung	1
„	2. 3. Der Pelagische Proceß	2
„	4. Betrachtungen darüber	6
„	5. Sct. Augustin über diese Angelegenheit	8
„	6. 7. 8. Gründe für die Lehre der päpstlichen Unfehlbarkeit in Glaubenssachen 1.) Zweck des Primates	11
„	9. 10. 11. Reflexionen über allgemeine Concilien	16
„	12. 13. 14. 2.) Christus bittet für die Glaubensfestigkeit Petri	22
„	15. Präcise, feste Glaubensbestimmungen der Päpste	29
„	16. 17. Aeußerungen zweier Concilien, von Lyon 1274 und Florenz 1439	32
„	18. Gründe gegen die päpstliche Unfehlbarkeit in Glaubenssachen: Unsinn dieser Meinung	39
„	19. Keine Bibelstelle, keine Tradition dafür	40
„	20. Die Vorgänge bei Glaubensirrungen in den ersten christlichen Jahrhunderten	44
„	21. Mangel päpstlicher Verwerfung älterer Häresien	48
„	22. Aeußerungen kirchlicher Autoritäten gegen diese Unfehlbarkeit	50
„	23. Sct. Cyprian dagegen	54
„	24. 25. Sct. Augustin dagegen	57
„	26. Vincenz von Lerin dagegen	62
„	27. Einwürfe dagegen aus dem Thun und Lassen der Päpste. Liberius	66
„	28. 29. Vigilius	69
„	30. 31. Honorius	77
„	32. Irrthümer der Päpste hinsichtlich des Sacramentes der Weihe	84

		Seite
Zahl 33.	Irrige Ansichten Nikolaus des I. über Taufe und Firmung.	89
„ 34.	Irrige Ansichten Stephan's III. über Eheauflösung und Taufe	91
„ 35.	Falsche Ansichten zweier Päpste über die Nothwendigkeit der Kinder-Communion	92
„ 36.	Nicolaus II. hat irrige Vorstellungen von der Eucharistie.	94
„ 37.	Cölestin III. irrt über die Ehe-Auflösung; Innocenz III. Irrthümer	96
„ 38.	Drei Päpste in Widerspruch über die Armuth Christi	100
„ 39.	Johannes XXII. irrt hinsichtlich des Zustandes der Seligen nach deren Tode	103
„ 40.	Eugen's IV. Anordnungen über Form und Materie der hl. Sacramente der Firmung, Buße und Weihe zeugen gegen die päpstliche Unfehlbarkeit	105
„ 41.	Sixtus V. corrigirt Fehler in die Bibel hinein	108
„ 42.	Irrige Ansichten der Päpste über das Verhältniß zwischen Staats- und Kirchengewalt. Bulle: „Unam Sanctam."	110
„ 43.	Die Entstehung des hierokratischen Systems und seine Erfolge im socialen Leben	113
„ 44.	Keine Concilien mehr, wenn der Papst unfehlbar	116
„ 45.	Das Studium der Bibel und Tradition muß aufhören, wenn der Papst unfehlbar ist	121
„ 46.	Schlußbemerkung	125

Einleitung.

1. Da man in häretischer Geschäftigkeit den Beschluß des allgemeinen Concils vom 18. Juli 1870, betreffend die päpstliche Unfehlbarkeit, als eine Glaubensneuerung ansieht und deshalb Alt- und Neukatholiken zu unterscheiden anfängt, scheint es angezeigt zu sein, vor Allem nachzuweisen, wie alt, uralt die Lehre, von der es sich handelt, bereits ist. Dieselbe läßt sich nämlich wenigstens schon aus dem Anfange des fünften christlichen Jahrhunderts nachweisen und da man nirgends ersieht, daß sie erst um diese Zeit neu aufgekommen, als aus den Anfängen der Kirche herstammend annehmen. Nicht als eine bestimmte apostolische Tradition, denn solche läßt sich eben so wenig nachweisen, als eine Bibelstelle deutlich und formell davon spricht; aber in biblischen Prämissen vorgebildet, ward der Satz von gläubigen Gemüthern leicht erkannt und in seiner ganzen Bedeutung erfaßt. Doch eben weil diese Lehre nur in ihren Prämissen gegeben war und das formelle Wort weder der heiligen Schrift, noch der apostolischen Tradition für sich hatte, wurde sie nicht überall gleichmäßig anerkannt, mitunter sogar verkannt. Das kirchliche Lehramt selbst fand es sehr lange nicht nothwendig, in dogmatischer Form dafür einzustehen, bis in neuester Zeit diese Nothwendigkeit gebieterisch an es herantrat und dem kirchlichen Bedürfnisse Genüge geleistet wurde.

Der Pelagische Prozeß.

2. Bei meinen Lesern muß ich, um auf gerechte und billige Würdigung rechnen zu können, Sinn und Verständniß für evangelische und apostolische Glaubenslehre, insbesondere Glauben an die Verheißungen des Heilands von seiner Sendung des heiligen Geistes und von seiner steten Anwesenheit in der Kirche bis an das Ende der Welt, endlich Glauben an das apostolische Zeugniß, daß die Kirche eine Säule der Wahrheit ist, voraussetzen. Haben sie diese Voraussetzungen, dann mögen sie sogleich mit mir bis zur Pelagischen Häresis im Anfange des fünften christlichen Jahrhunderts zurückgehen. Um diese Zeit waren die britischen Mönche Morgan Pelagius und sein gelehriger Schüler Cälestius an der katholischen Lehre vom ersten Sündenfalle und dessen Folgen, also auch an dem Dogma von der göttlichen Gnade irre geworden. Die Angelpunkte ihres Irrthumes waren, die Sünde des ersten Aelternpaares habe nur ihnen selbst geschadet, sei ohne allen Einfluß auf ihre Nachkommen gewesen: wie die ersten zwei Menschen sünblos geschaffen worden sind, so werde noch jetzt jeder Mensch ohne Sünde geboren, die Gnade Gottes erleichtere zwar dem Menschen die Erreichung seiner Bestimmung, absolut nothwendig jedoch sei dieselbe nicht und auch ohne sie könne es ganz sündlose Menschen geben. — Da die beiden Mönche ihren Irrthum zuerst in Rom, dann aber auch in Africa und Palästina in das Volk zu bringen suchten und trotz allerlei kirchlicher Zurechtweisungen in Predigten, Schriften, und sogar kleineren Synodalbeschlüssen mit echt britischer Zähigkeit auf ihrem Streben in naturphilosophischer Richtung verharrten, erklärte sich, der schlechten Umtriebe müde, die Ostersynode von Carthago

im J. 416 dagegen und schloß die beiden Irrlehrer bis zum Widerruf ihrer falschen Lehre von der Kirchengemeinschaft aus. Ein Gleiches that in demselben Jahre die zweite Synode von Milevis. Beide Kirchenversammlungen berichteten darüber sogleich an den Bischof von Rom, damit, wie die Bischöfe von Carthago aus schrieben, ihre Beschlüsse durch das Ansehen des apostolischen Stuhles größere Kraft erlangen[1]. Um gefürchteten Agitationen der Verurtheilten, die zu Rom in Folge ihres früheren Aufenthaltes Freunde hatten, zuvorzukommen, schickten zu den Synodalberichten noch fünf africanische Bischöfe von besonderem Ansehen (darunter Aurel. Augustinus, der Bischof von Hippo-regius) ein gemeinsames Erläuterungsschreiben nach Rom[2]. Hier aber erklärte nach genauer Einsicht der Acten Innocenz I. sich in drei noch jetzt vorhandenen Schreiben bestätigend für die Synodal-Urtheile.

Alsbald, wie diese Rescripte[3] an den Orten ihrer Bestimmung angekommen waren, äußerte der Bischof Augustinus, der bisher nur in Predigten und kleinen Schriften gegen Pelagius aufgetreten war, in einem Kanzelvortrage an seiner Cathedrale, in der Pelagischen Angelegenheit seien zwei Concilienschlüsse nach Rom abgegangen und von dorther auch die entsprechenden Rückschreiben angelangt, die Sache sei abgethan[4]. — Daraufhin bil-

---

[1] Synod. Carthag. a. 416 Innocentio I. „... Hoc itaque gestum, domine frater! sanctae caritati tuae intimandum ducimus, ut statutis nostrae mediocritatis etiam apostolicae sedis adhibeatur auctoritas pro tuenda salute multorum et quorumdam perversitate etiam corripienda. (Bei Labbé T. III. coll. 376, dann unter Sct. August. epist. n. CLXXV, 2.) Das Synodalschreiben von Milevis erklärt zwar nicht wörtlich dasselbe, aber die Bischöfe berichten „imitantes Carthaginensis ecclesiae et provinciae episcopos." (S. unter August. epist. n. CLXXVI.)

[2] S. unter August epist. n. CXXVII.

[3] Eben daselbst n. CXXXI bis CXXXIII.

[4] Augustin. Retract. lib. II. c. 33. — Serm. CXXXII. n. 10. „Jam enim de hac causa duo concilia missa sunt ad sedem apostolicam. Inde etiam rescripta venerunt; res finita est, utinam aliquando finiatur error!

bete sich allgemach die bis zur Stunde in katholischen Kreisen stereotype Parömie: **Rom hat gesprochen, die Sache ist abgethan!** Wem von einiger Bildung wäre dieselbe auch fremd? Oder wer wäre albern genug, sie trotz ihres (soeben nachgewiesenen) Ursprunges nicht blos auf eine kirchliche, sondern etwa auch auf wissenschaftliche oder politische Angelegenheiten zu beziehen?

3. Begreiflich waren jedoch die beiden Vollblutketzer mit dem römischerseits bestätigten Condemnationsurtheile nichts weniger als zufrieden. Sie beriefen sich zwar nicht auf ein allgemeines Concil, wie das in späteren Jahrhunderten öfter geschah, sie vergriffen sich auch nicht in demonstrativer Selbstüberhebung an den kirchlichen Urkunden, aber sie hielten an ihrem vermeintlichen Reformberufe, freilich unter steter Bedrängung wachsamer Bischöfe, fest und starr. Als der Erfolg ihrer Mühe nicht entsprach, suchten sie sich durch trügerische List zu helfen. Zunächst Cälestius; unter Vorlegung eines wohl überdachten Glaubensbekenntnisses, in welchem seine Irrlehre pfiffig genug verschleiert war, wandte er sich, wie ein schuldlos Verfolgter, klagend und jammernd nach Rom und bat, sich rechtfertigen zu dürfen. Zwar so lange Innocenz I. die Kirche leitete, rührte sich Cälestius nicht, aber unter dem neuen Bischofe Zosimus (schon 417), welchem die Angelegenheit fremd war, mochte er sich Hoffnung machen. Wirklich hörte ihn Zosimus in einer Consistorial-Sitzung, die deshalb in der basilica Scti Clementis gehalten wurde, und ließ sich durch des Redners trügerische, mitunter selbst denunciatorische Angaben so für denselben einnehmen, daß er den africanischen Bischöfen schrieb, sie müßten binnen zwei Monaten gewichtigere Beweise erbringen oder den Cälestius als gerechtfertigt ansehen.[1] Wohl mochten über diesen

---

Worauf hier der Ton liegen solle, zeigt August. Retract. II, 50: Postea quam Pelagiana haeresis cum suis auctoribus ab episcopis ecclesiae Romanae, prius Innocentio, dein Zosimo cooperantibus conciliorum Africanorum literis convicta atque damnata est . . ."

[1] Zosimi epist. III. ad African. episc. und epist. IV. ad African.

Auftrag die Bischöfe staunen; doch sie sollten bald noch tiefer erregt werden. Von fernem Osten her hatte sich nämlich auch Pelagius und zwar an Innocenz I., von dessen Tode er noch nichts wußte, mit einem Bittschreiben gewendet und diesem ein Glaubensbekenntniß voll Lüge und Heuchelei beigeschlossen. Zosimus sah das Bittschreiben als an sich, den Nachfolger von Innocenz I. im römischen Bisthume gerichtet an und ließ die Bittschrift sammt dem Glaubensbekenntniß in öffentlicher Versammlung verlesen. Bis zu Thränen und unwilligen Aeußerungen über die Verleumder einer so frommen Seele, die sich in vollstem Ausdrucke des Glaubens erklärt habe, waren die Zuhörer gerührt, ja der Bischof Zosimus selbst erklärte den africanischen Bischöfen, er finde den Pelagius nur orthodox gesinnt, und verwies ihnen unter salbungsvoller Berufung auf eine Menge Bibelstellen ihr indiscretes, voreiliges Urtheil. Das war zu arg; die africanischen Bischöfe traten in eine Berathung zu Carthago (ungewiß, ob schon im October 417) zusammen und schickten sofort in Folge gefaßten Beschlusses die briefliche Bitte an Zosimus, ja nichts bis zu seiner vollen Instruction in dieser Angelegenheit zu veranlassen, beschwerten sich aber bitter darüber, daß er hinter einer päpstlichen, motivirten Entscheidung noch eine weitere Untersuchung eingeleitet habe. Darauf berieth wieder zu Carthago Anfangs 418 eine Versammlung von 214 Bischöfen in dieser bösen Angelegenheit, stellte 8 Canones zusammen und sandte alle früheren und späteren Verhandlungsacten dieses Gegenstandes durch einen Diakon (Marcellinus) nach Rom. So in die rechte Kenntniß gesetzt berief Zosimus den Cälestius vor seinen Richterstuhl; er erschien nicht und wurde sohin, entlarvt, wie er jetzt war, aus der Kirchengemeinschaft ausgeschlossen; würde er aber seine Irrthümer vollständig abschwören, sollte ihm die Aufnahme unter die Büßenden nicht versagt werden. Dieselbe Entscheidung erging auch gegen Pelagius. Wie weit diese beiden Männer dem päpstlichen Urtheile sich gefügt haben, ist bisher nicht bekannt, so viel aber weiß man, daß das ökumenische Concil von Ephesus, das doch in der Sache des Nestorius zu entscheiden berufen war, in seiner V. Sitzung sich auch wieder dem Urtheile gegen Pelagius und Cälestius anschloß. Es soll dies auf Anbringen eines gelehrten, abendländischen Laien, Marius Mercator, geschehen sein. Eben dessen Commonitorium adversus haeresim Pelagii et Caelestii, so wie des heiligen Bischofs Aurel. Augustinus Schriften über und gegen Pelagius waren nebst den Synodalschreiben der Bischöfe von Carthago und den päpstlichen Briefen an die africanischen Bischöfe die Quellen, nach denen die voranstehende Darstellung gemacht wurde. Alles sine ira et studio, wie der wißbegierige Leser aus den eben angegebenen Schriften sich leicht überzeugen kann.

Betrachtungen darüber.

4. Ich aber darf wohl einen Augenblick bei der übersichtlich gegebenen Darstellung stehen bleiben, um meinen unbefangenen Leser auf das aufmerksam zu machen, was sich daraus für die tiefere Untersuchung der päpstlichen Unfehlbarkeit in Glaubenssachen ergibt. — In dem ganzen Cälestius-Pelagischen Processe handelte es sich nicht um eine bloße Disciplinarsache, wie etwa in jenem früheren Streite über die rechte Zeit der Osterfeier, sondern um tief einschneidende Glaubensfragen. Wenn nun darüber zwei bischöfliche Synoden in Africa zu derselben Zeit Beschluß gefaßt und solchen in der Absicht, ihren Urtheilen durch die Bestätigung des apostolischen Stuhles mehr Ansehen und Kraft zu verschaffen, mit Synodalberichten nach Rom geschickt haben, so konnte es ihnen unmöglich nur um einen Act der höheren kirchlich-jurisdictionirten Autorität, wie im Falle einer Disciplinar-Entscheidung zu thun sein, sondern ihr Absehen mußte darauf gerichtet sein, eine auf der Basis eines ganz sicheren katholischen Bewußtseins ruhende

Definition zu erwirken. Sonst wäre ja doch mit der römischen Bestätigung nichts gewonnen gewesen! War nämlich der von Rom her urtheilsmäßig anerkannte Glaubenssatz, gegen welchen die beiden Irrlehrer opponirten, nicht als materielle, objective Glaubenswahrheit aufzufassen, so konnte Pelagius und Cälestius dem Urtheile, wiewohl ihnen gegen dasselbe kein weiterer Rechtsweg offen stand, noch immer den mit ihren heterodoxen Argumenten motivirten Zweifel an der eigentlichen dogmatischen Wahrheit entgegenstellen. Die im Systeme der Jurisdiction höhere Stellung an und für sich gibt denn doch noch keine Gewähr für die innere Wahrheit der erlassenen Sentenz, das liegt in einer, seit es den Instanzenzug im Gebiete des Rechtes gibt, vielfach constatirten Erfahrung vor. Mithin war der Pelagischen Glaubenscontroverse nur durch die Stimme einer Autorität beizukommen, bei welcher man nach katholischer Anschauung das allzeit richtige Verständniß jedes Glaubenssatzes voraussetzen muß. Diese Autorität aber sahen nicht blos die africanischen Synoden, sondern auch Pelagius und Cälestius in den Glaubensbestimmungen des römischen Bischofs, als des Centralpunctes der ganzen Kirchenverwaltung. An diesen Bischof wandten sich die africanischen Synoden, um ihrem Urtheile die dogmatisch definitive Gewißheit zu geben; an ihn aber haben sich auch die beiden Irrlehrer gewendet, um unter Lüge und Heuchelei dogmatisch definitive Anerkennung ihrer Lehre zu erlisten. An dieser Anerkennung allein war ihnen gelegen und als ihnen die Erlangung derselben mißlungen war, versuchten sie, wohl in richtiger Erkenntniß ihrer kirchlichen Stellung, nicht erst noch einen Ausspruch des Gesammt-Episcopates zu provociren. Wie der Bischof von Hippo seiner Gemeinde in einer Predigt, mußten Pelagius und Cälestius sich selber sagen: Rom hat gesprochen, die Sache ist abgethan — wenn sie gleich in ketzerischer Rechthaberei den Schein zu retten suchten, indem sie privatim excipirten, es habe sich ja doch kein allgemeines Concil gegen ihre Lehre erklärt.

War auch, entgegnete der Bischof Augustinus, der Pelagianer eifrigster Gegner, gar nicht nothwendig, da das Verderbliche dieser Lehre so offen vorliegt ¹). Indeß mag, wie man aus der weitern Angabe des heil. Bischofs schließen kann, die Exception nicht sowohl dem dogmatischen Elemente des definitiven Urtheils, als vielmehr den durch die beiden africanischen Synoden in Folge ihrer Untersuchungen gemachten Vorlagen gegolten haben, nur diesen gegenüber scheint die Augustin'sche Weisung auf so viele blos locale Abfertigungen von Häresien vollen Sinn zu haben.

St. Augustin's Erklärung darüber.

5. In dem Processe gegen Pelagius und Cälestius konnte es, wie gesagt, den africanischen zwei Synoden vom J. 416, als sie ihren Beschluß zur Bestätigung des römischen Bischofs vorlegten, nicht blos um formelle Wahrheit, sondern es mußte ihnen, den Zionswächtern des Glaubens in so vielen Diöcesen um objectiv wahre Glaubensbestimmung zu thun sein. Diese Erwartung hatte die Ueberzeugung, der römische Bischof könne in seinen ämtlichen Glaubensbestimmungen die katholische Wahrheit bezeugen und werde nur sie allein bezeugen, zur Voraussetzung. Von derselben Voraussetzung aber mußte auch insbesondere Aurel. Augustinus ausgehen, wenn er, nachdem die erwartete Bestätigung der genannten Synodalbeschlüsse von Rom eingegangen war, seiner bischöflichen Gemeinde die Predigtworte zurief: die Sache ist abgethan! — Mit dieser Auffassung sind jedoch jetzt wieder einige Gelehrte nicht einverstanden; sie behaupten, der bischöfliche Prediger habe nach den römischen Rescripten die Angelegenheit der beiden Häretiker nur deshalb für beendigt erklärt, weil ja doch das Pelagische System

---

¹) Vergl. Janus S. 74—76 dann die Observationes quaedam de infallibilitatis ecclesiae subjecto (Viennae 1870) p. 16.

in seinen Augen eine so offenbare und (?) grundstürzende Irrlehre (aperta pernicies) war, daß zu ihrer Verurtheilung nicht einmal eine Synode nöthig schien. Als einfache Consequenz davon ergebe sich dann, daß sich die Augustin'sche Rede nur auf solche Glaubensirrungen beziehen lasse, die jeder verständigere Katholik als solche erkennt.¹) Doch scheint die unbeschränkte Generalisirung jener einfachen Predigtworte, wie sie wirklich seit so vielen Jahrhunderten die gemeine Meinung in der Kirche geworden ist, dem Geiste Augustins ganz gemäß zu sein. Zwei Particular-Synoden in Africa haben die Pelagische Lehre als häretisch erklärt und ist dieses Urtheil durch römisch-bischöfliche Rescripte bestätigt — das sind die Prämissen, aus denen der denkende Bischof Augustinus den Schluß zieht: Also ist die Sache entschieden, nämlich die Pelagische Lehre ist wirklich eine häretische. Von einer weiteren Motivirung dieses Schlusses, als sei ja doch die ganze Lehre so auffallend irrig, daß es einer weiteren Untersuchung, eines aus allen Theilen der Kirche zusammengeholten richterlichen Apparates nicht bedürfe, ist keine Rede, es wird mit keiner Silbe darauf hingedeutet. Später, nachdem so viele bischöfliche Stimmen in und außer Africa und darunter sogar zwei römische aus der Centralleitung der Kirche gegen die widerkirchliche Lehre der Mönche Pelagius und Cälestius gesprochen hatten, konnte freilich wohl Augustinus in einer besonderen Abhandlung gegen das schlechte System dasselbe eine „aperta pernicies" nennen; daß er diese Bezeichnung **ohne Rücksicht auf die bereits vorgelegenen Erklärungen hoher und höchster Kirchenautoritäten** gemacht, wäre erst noch zu erweisen. Noch weniger kann man annehmen, der bischöfliche Prediger habe seine berühmten Worte auf die Voraussetzung gemacht, seine Zuhörer seien alle ohnehin, wie er selbst, von dem Irrthume, über dessen endgiltige Abfertigung

---

¹) Eben wieder die in der vorigen Note citirten Schriften.

er referirte, vollkommen überzeugt. Handelte es sich doch um die geheimnißvolle Lehre von der göttlichen Gnade! — und wußte Augustinus gewiß eben sowohl, wie sehr bei der Beantwortung der Frage, in welchem Verhältnisse diese Gnade zur Freiheit des menschlichen Willens stehe, die Meinungen in der gelehrten Welt auseinander gingen, als es ihm bekannt war, wie vollkommen und verführerisch dem menschlichen Hochmuthe die Pelagische Lehre erscheinen müsse. Gewiß wollte der eifrige Kirchenlehrer seinen Zuhörern nicht etwa blos eine für den Bestand ihrer Glaubensrichtung an sich überflüssige Nachricht geben, sondern er wollte der durch die Häresis sehr bedrohten Glaubenstreue derselben durch Hinweisung auf eine in Glaubenssachen maßgebende Autorität zu Hilfe kommen. Darum auch motivirte er seinen Satz: „die Sache ist abgethan" — nicht weiter als, auch der römische Bischof habe sich ämtlich gegen die Pelagische Lehre ausgesprochen. Davon, daß er diesen römischen Ausspruch in der angeregten Glaubenscontroverse nur darum für maßgebend halte, „weil ja doch jeder Verständigere den Gegensatz als verwerflich ansehe," findet sich keine, auch noch so leise Andeutung [1]. Warum will man diese Beschränkung der Predigt-Aeußerung zuschieben? Die Rechtfertigung soll in einer Combination dieser Aeußerung mit jener späteren Bezeichnung des Pelagianischen Systems als einer aperta pernicies, die hier bereits anbezogen worden ist, und einer früheren Erörterung, von der weiter unten die Rede sein wird, zu suchen sein! Hier sei nur noch bemerkt, daß Augustinus, rückweisend auf die römische Ent-

---

[1] Auch in keinem erst hinter der berühmten Predigt geschriebenen Werke, deren Uebersicht vornehmlich aus dem lib. II. der Augustinischen Retract. entnommen werden kann, findet sich eine Andeutung davon, daß jenes Predigtwort in der angeblichen Voraussetzung gesprochen worden. Und wie oft hatte der geniale Bischof in diesen vielseitigen Arbeiten über die göttliche Gnade und die seiner (kirchlichen) Lehre entgegenstehenden Irrthümer Gelegenheit, sich in eine auf jene vermeintliche Beschränkung Bezug nehmende Reminiscenz einzulassen.

scheidung, offenbar eine objectiv definitive Glaubensbestimmung im Sinne hatte, die nicht blos jenen seiner Zuhörer, die noch ungewiß, schwankend waren, die gehörige Richtung geben sollte, sondern auch jene, die bereits, wie Augustin selbst, volle Ueberzeugung hatten, durch Zuführung objectiver Lehr-Elemente im Glauben festigen mußte. In Verfolgung dieser Zwecke konnte er von einem definitiven Abschlusse des Glaubensstreites nach Eintreffen der römischen Rescripte nur sprechen, wenn er darin das die objective Glaubenswahrheit klar stellende Zeugniß erkannte. Dies wieder war ihm nur bei dem Glauben an die in Glaubensangelegenheiten durch göttliche Intervention gesicherte Unfehlbarkeit dessen, der eben Zeugniß gab, möglich geworden. — Nach dieser Betrachtung kann es nicht als dreiste Anmaßung gelten, wenn man schon in dem Pelagischen Glaubensprocesse, der in Africa und Rom abgeführt wurde, den Gedanken an die päpstliche Unfehlbarkeit in Glaubensbestimmungen unverkennbar hervortreten und wirksam werden sieht, dem gemäß aber auch einer Marktschreierei, die in der neuesten legitimen Formulirung dieses Glaubenssatzes eine verwerfliche Neuerung zu finden vorgibt, unwillig den Rücken zukehrt.

Gründe für die Lehre von der päpstlichen Unfehlbarkeit in Glaubensbestimmungen. 1. Aus dem Zwecke des Primates.

6. Es gibt aber auch sehr gute Gründe, auf welchen die in Frage stehende Lehre beruht. In der heiligen Schrift selbst wird einer auf göttlicher Einsetzung bestehenden Anstalt gedacht, für deren Wirksamkeit im Interesse der Kirche die damit verbundene unfehlbare Zeugenschaftsfähigkeit in Glaubenssachen geradezu nothwendig, also nach katholischen Begriffen von Gott und seiner

Kirche auch stets vorhanden ist, wo es sich um die ämtliche Beglaubigung der katholischen Wahrheit handelt. Wie lange diese Veranstaltung des göttlichen Stifters der Kirche noch keinen besonderen Namen hatte, braucht hier nicht untersucht zu werden, genug daran, daß sie schon weit über ein Jahrtausend der Primat der katholischen Kirche, das Papstthum heißt. Dasselbe ist mit der ganz besonderen Mission des Apostels Petrus verbunden worden und besteht sohin nach dem factisch ausgesprochenen Willen Gottes bei dem Bischofe von Rom, da Petrus an diesem Orte nicht nur ein Bisthum begründet, sondern auch daselbst seine opostolische Thätigkeit geendigt hat. Dem römischen Primas nun soll, wie von jeher anerkannt worden ist¹), vorweg die Pflege jener Gemeinschaft des religiösen Lebens, welche Christus bei seinen Gläubigen haben will, sohin die Obsorge über die Gemeinschaft der religiösen Ueberzeugung, über den socialen Organismus der Kirche und das ethische Lebensgesetz aller Kirchenmitglieder obliegen²). Vor Allem ist von ihm die Reinerhaltung des kirchlichen Glaubens³), als des vornehmsten Bindungsmittels der ganzen christlichen Einheit zu überwachen. Wie aber kann er dies, wenn er in seinen ämtlichen Glaubensbestimmungen des katholischen Glaubens nicht sicher ist? Soll der Blinde den Blinden führen? Wenn bei der fortschreitenden Entwicklung des Geistes Gedanken um Geltung ringen, denen der Zweifel an ihrer Katholicität nachhinkt, wer soll da entscheiden, wenn es nicht Einen gibt, bei dem die Sicherheit in der Erkenntniß des wahrhaft kirchlichen Glaubens und in der Bezeugung des Erkannten gewährleistet ist? Ohne diese Gewähr, durch blos menschliche Intelligenz und einfach menschliches

---

¹) S. hier vorweg die schöne Aeußerung in Epist. Innocent. I. ad episcop. Milevit. v. J. 417 (Labbé III, coll. 47 seq. oder inter Aug. epist n. CLXXXII.) Noch andere Stellen dafür zu allegiren, führt in's Maßlose.

²) Joan. XVII, 11, I. Corinth I, 10. Ephes. IV, 3, 4.

³) Ephes. IV. 5 V. 9.

Wollen wäre wohl der Kirche gegen den Anbrang des Irrthums wenig geholfen. Erklärt aber der Apostel die Kirche als „die Säule der Wahrheit," so kann das Postulat der Unfehlbarkeit in Glaubensbestimmungen, das der Katholik aus der Aufgabe des Kirchenprimas erschließt, keine Illusion, kein leeres Phantom sein. Daß freilich dieser Schluß bei jenen, die den kirchlichen Primat mit seiner hohen Aufgabe für die Kircheneinheit, insbesondere im rechten Glauben, negiren, keinen Anklang finden kann, ist gewiß: aber was genirt das den Katholiken, wenn Ungläubige seine christliche Lebensregel höhnen und lästern?

7. Die Gegner der päpstlichen Unfehlbarkeit in Glaubenssachen excipiren, daß der göttliche Kirchenstifter doch nicht blos Einem seiner Anhänger seine stete Anwesenheit versprochen und daß eben so der Apostel die Kirche selbst, nicht blos Einen in ihr als die Säule der Wahrheit erklärt habe; sie folgern daraus, daß die Gabe der Unfehlbarkeit nicht Einem der Kirchengemeinde, sondern dieser selbst zukomme. Sonach wäre also die katholische Wahrheit nur in dem Gesammtglauben aller Kirchenangehörigen zu finden? Angenommen — aber wie manifestirt sich diese Gemeinsamkeit in practisch nothwendiger Weise? Man kann doch nicht bei allen Einzelnen um ihre Glaubensansicht Nachfrage halten: das geschah ja nicht einmal in der allerersten Zeit der Kirche, als in Antiochia die Frage um die Befolgung des Ceremonialgesetzes angeregt war. Die streitenden Parteien schickten nach „Jerusalem zu den Aposteln und Aeltesten um dieser Frage willen," die da erhaltene Auskunft ohne alle weitere Erhebung sollte für sie maßgebend sein.[1] Darum auch flüchten die genannten Gegner zu dem durch die hierarchische Ordnung in der Kirche begründeten Repräsentativ-System: genug, daß die Diöcesanbischöfe in einer Glaubensansicht zusammenstimmen, sie repräsentiren ihre Episcopalgemeinden, ihr

---

[1] Acta apostol. XV. 2, seq.

Glaube sei auch der Gemeinde Glaube. In der Kirchengeschichte dürfte jedoch diese Voraussetzung keineswegs so gar fest begründet sein, wie schon die Nestorische Wuth gegen das an seinem Marien-Cultus treu anhänglich gebliebene Volk beweist. Indeß, angenommen, der Repräsentativ-Gedanke habe auch in Bestimmung dessen, was katholische Lehre sei, seine Berechtigung; wie ist es, wenn die Bischöfe in ihren Ansichten auseinander gehen, wie das so oft schon, damit ich nicht sage, so oft, als ihnen dogmatische Controversen zur Erklärung ihrer Meinung vorgelegt wurden, der Fall war? Sollte da etwa Stimmenmehrheit entscheiden? Könnte da noch von einem Gesammtglauben die Rede sein? Und woher wäre die Legitimation für eine solche Majorität zu nehmen? Auf jene Versammlung zu Jerusalem um das Jahr 51 darf man sich wohl am allerwenigsten berufen. Aber auch selbst diese Majorisirung, etwa als eine practische Nothwendigkeit angenommen, wie soll man denn zur Kenntniß der Ansichten aller Bischöfe gelangen? Oertliche Versammlungen des Gesammt-Episcopates hat es, so lange die Kirche besteht, noch nie gegeben; immer war es nur eine gewisse, mehr oder weniger große Anzahl von Bischöfen die sich auf den sogenannten allgemeinen Kirchenversammlungen zusammenfanden, indeß gar Viele davon fern blieben. So war es bisher, so wird es auch künftig sein! Denkt man sich aber den Episcopat in seinen Diöcesen zerstreut, wie schwierig, unsicher und langweilig stellt sich da die Aufsammlung der bischöflichen Stimmen dar!

8. Die Gelehrten, welche gegen die päpstliche Unfehlbarkeit in Glaubenssachen stehen, weisen dem Primate nur die Vermittlung der Erkenntniß dessen, was sie den Gesammtglauben der Kirche nennen, und die provisorische Erklärung in der streitigen Glaubensfrage zu. Wie die Erkenntniß der Ansichten des zerstreuten Episcopates zu vermitteln sei, wird meines Wissens nirgends angegeben, man beschränkt sich vornehmlich darauf, daß die Bischöfe gegen

eine päpstliche Bestimmung keinen Widerspruch einlegen. Nun, wem das genügt, der ist um seine Genügsamkeit zu beneiden. Vornehmlich aber ist es die Einberufung und Abhaltung allgemeiner Concilien, wodurch ein solcher Ausdruck des katholischen Gesammtbewußtseins erlangt werden soll. Davon sogleich im nächsten Absatze; hier soll jene provisorische Glaubensbestimmung, die man dem Primate zuweisen will, etwas näher angesehen werden. Natürlich wird bei diesem Provisorium die Möglichkeit eines Irrthums vorausgesetzt, dabei aber doch gefordert, alle Katholiken sollen mit Zuversicht annehmen, nur Wahrheit enthalte die päpstliche Verfügung und darum dieselbe auch mit willigem Gehorsam hinnehmen. Ich zweifle, daß es Jemanden gibt, dem es um die Wahrheit ein Ernst ist und der sich gleichwohl diese Zumuthung gefallen ließe, zumal mit Rücksicht auf die apostolische Mahnung:[1]) „Ein Jeglicher sei in seiner Meinung gewiß." Wie verträgt sich diese Forderung mit dem Character des päpstlichen Provisoriums? Und wie stände es, wenn das Provisorium sich wirklich als ein dogmatisches Falsum entpuppte, mit der Versicherung desselben Apostels, die Kirche sei die Säule der Wahrheit, für die Zeit des Provisoriums? O nein, mit dem provisorischen Glauben und der für denselben verlangten Pflicht der gehorsamen Hinnahme läßt sich nichts anfangen; er ist Unsinn, der sich nur lächerlich macht. Er ist auch erst ein Commentum der spätesten Zeit, und findet sich nicht nur bei den Kirchenvätern und Kirchenlehrern, sondern auch viele Jahrhunderte später keine Spur eines solchen monströsen Gebildes. Gelehrten gegenüber, die so viel Gewicht darauf legen, daß sich bei den Kirchenvätern, wie sie wenigstens meinen, kein Zeugniß für die päpstliche Unfehlbarkeit in Glaubenssachen finde, darf man wohl auch darauf sich berufen, daß selbe nie blos provisorische Kraft päpstlichen Glaubensbestimmungen beilegen. Ein

---

[1]) Rom. XIV, 5.

paar zweifelhafte Stellen, die man aus Cyprian und Augustin dagegen aufbringen wollte, werden an den zukömmlichen Orten ihre Würdigung finden.

Reflexion auf die allgemeinen Concilien.

9. Ich komme nun auf eine eingehendere Betrachtung allgemeiner Concilien zurück, da in solchen vornehmlich die Gegner der Lehre von des Papstes Unfehlbarkeit in Glaubensentscheidungen den Ausdruck des Gesammtbewußtseins der katholischen Kirche, darin aber den echten und rechten Probirstein des katholischen Lehrbegriffes sehen. Folgerichtig muß man bei dieser Theorie voraussetzen, daß bei dem allgemeinen Concile wirklich alle Diöcesanbischöfe, natürlich auch der römische, dem ja doch der Primat zukömmt, activ interveniren, daß jeder derselben nicht blos seine eigene, sondern auch die Glaubensansicht seiner Episcopal-Gemeinde in seiner Rede vertrete, und daß sie alle in dem fraglichen Glaubenspuncte einerlei Meinung seien. Fehlt eine einzige dieser drei Voraussetzungen, fällt sogleich die Annahme eines kundgewordenen katholischen Gesammtbewußtseins fort, was wohl doch keines langen Beweises bedarf, da es jedem, der noch denkfähig ist, von selbst auffällt. Aber sogleich muß ich auf die bereits oben (7.) erwähnten Schwierigkeiten und Bedenken zurückweisen. Bekanntlich hatte schon gleich das erste allgemeine Concil von Nicäa in seinen 318 Bischöfen nicht den ganzen Episcopat versammelt und fehlten vornehmlich die abendländischen Diöcesan-Vorstände. Von den Anwesenden waren Viele mit einer ganz anderen Ansicht über die Arianische Lehre gekommen, als sie nach der begeisterten Beredsamkeit des alexandrinischen Diakons Athanasius bei der endlichen Abstimmung zur Schau trugen; mehrere hatte endlich blos Furcht vor der kaiserlichen Ungnade umgestimmt oder vielleicht auch Liebe zum Frieden ihrer entgegengesetzten Ansicht untreu gemacht — aber

der Bischof Theonas von Marmarica und Secundus von Ptolomais in Aegypten blieben fest bei der. Lehre des Arius. Also möchte da wohl doch eine einmüthige Darstellung der katholischen Glaubenslehre so eigentlich nicht zu finden sein, wenngleich das offenbar unter dem imponirenden Eindrucke einer so immensen katholischen Majorität ausgefertigte Rundschreiben des Kaisers Constantin an alle Kirchen davon spricht.[1]) Wie bei dem ersten, war es bei allen nachfolgenden allgemeinen Concilien, dennoch wurden die Glaubenslehren, die daselbst formulirt wurden, sofort, wie solche unter Intervention des Papstes gemacht oder vom Papste hinterher bestätigt waren, als katholische Wahrheit in der ganzen Kirche anerkannt. Wie kömmt damit die in Betrachtung gezogene Theorie von dem Gesammtbewußtsein als dem einzigen Regulator der Katholicität zurecht? Ich finde darüber folgendes:[2]) „die Kirche ist gegen falsche Lehren gesichert in ihrer Totalität; sie wird nicht abfallen von Christus und den Aposteln, wird die einmal empfangene und in ihrem Schooße fortgepflanzte Lehre nicht verläugnen. Ist es ein Concil, das über die Lehre urtheilt, so ist es eben ein Zeugniß, das damit abgelegt wird; die Bischöfe bezeugen, jeder für den ihm bekannten Theil der Kirche, daß eine bestimmte Lehre bisher dort gelehrt und geglaubt worden sei. Oder sie bezeugen, daß in den bisher geglaubten Lehren eine, wenn auch bisher noch nicht ausdrücklich formulirte Wahrheit als logische Consequenz mit unabweisbarer Nothwendigkeit schon enthalten sei. Darüber, ob dieses Zeugniß richtig abgelegt worden sei, ob Freiheit und unbefangene Wahrhaftigkeit unter den Bischöfen der Synode geherrscht habe, darüber entscheidet in letzter Instanz wieder die Kirche selber,

---

[1]) Sagt er doch auch in seiner epist. ad Alexandrum (Socrat. I, 9) „... Nam quod trecentis sanctis episcopis visum est, non est aliud putandum, quam solius filii Dei sententia praesertim cum in talium et tam praeclarorum virorum mentibus sacer insideret spiritus, qui illis divinam volutatem aperuerit."

[2]) Janus, S. 431.

die das Concil oder dessen Beschluß annimmt oder verwirft (!) Hier ruht also die Gewißheit und Unfehlbarkeit ganz auf dem festen Boden der Thatsachen." Damit ist aber auf die Schwierigkeit, die aus dem Mangel an Vertretung einzelner, vielleicht vieler Diöcesen und aus den differirenden Ansichten der intervenirenden Bischöfe gegenüber der Forderung eines Gesammtbewußtseins entstehen, mit keiner Silbe geantwortet. Dagegen wird zwar der Kirche selbst das Recht zuerkannt, die richtige Ablegung des bischöflichen Zeugnisses, die Freiheit und unbefangene Wahrhaftigkeit desselben als bloßer Thatsachen in letzter Instanz zu beurtheilen und sich dem gemäß zur Annahme oder Nichtannahme des Concils oder seiner Beschlüsse zu bestimmen — wie aber die richtige Beurtheilung zu ermöglichen sei für Alle, die bei den Verhandlungen des Concils selbst nicht waren, wer endlich für Alle das Erkenntniß machen solle, das Concil mit seinen Beschlüssen sei anzunehmen oder zu verwerfen, wird weise verschwiegen. Mit andern Worten heißt das von den Infallibilitäts-Gegnern Vorgebrachte kaum etwas Anderes als, es stehe Jedem frei von den Concilienbestimmungen zu glauben, was er wolle, ohne deshalb an seiner kirchlichen Gemeinschaft Schaden zu nehmen.[1]) Und wie Viele, gegen welche das allgemeine Concil entschieden hat, werden dafür sorgen, daß man begreife, es fehle der Versammlung an dieser oder jener Voraussetzung, über deren Bestand, als über eine Thatsache die Kirche selber zu entscheiden, in letzter Instanz zu entscheiden habe. Wie Viele, die von dem Concile zu fürchten haben, werden schon im Voraus bemüht sein, Mißtrauen und Argwohn dagegen rege zu machen![2]) Und so möchte, wenn die summa rei catholicae ratio

---

[1]) Vielleicht meint man dann sogar auf Rom. VIII. 14 Berufung machen zu können.

[2]) Wer die Wiener liberalen Tagesblätter kennt, wird das schwerlich verneinen. Was wurde da über die Mängel des letzten Concils schon von vornherein declamirt!

bei allgemeinen Concilien zu suchen wäre, die Kirche nicht eben so gar gut gegen falsche Lehren in ihrer Totalität gesichert sein, als die Gegner der päpstlichen Infallibilität in Glaubensbestimmungen mit Zuversicht zu erwarten scheinen oder glauben machen wollen.

10. Dieser Zweifel wird noch durch einige andere Wahrnehmungen gesteigert. Wie, der göttliche Richter der Kirche hätte den Schlußstein des kirchlichen Lehramtes bei einer Anstalt und zwar ohne alle instructive Weisung dafür hinterlegt, die so viele innere und äußere, administrative Schwierigkeiten gegen sich hat? Die letzteren liegen in dem pecuniären Aufwande der nothwendigen Vorkehrungen zwecks der Zustandebringung eines den Gesammt-Episcopat vertreten sollenden Concils, in der Bewältigung politischer Renitenzen, die im Interesse der Hintertreibung agitiren, in der besonderen Fürsorge für die aus der vielleicht längeren Abwesenheit der Bischöfe entstehenden Lücken in der nothwendigen Diöcesen-Verwaltung. An einem ihnen in der Einberufungsbulle bezeichneten Orte haben sich die Bischöfe aus allen Theilen der Kirche, auch den entferntesten in Asien und America einzufinden. Wer gibt ihnen die Reisekosten, die Kosten ihres Unterhaltes an dem fremden durch den Zusammenfluß so vieler Prälaten und ihrer Begleiter ganz gewiß sehr vertheuerten Orte? Kirchlich gut gesinnte Imperatoren und auch Landesfürsten späterer Zeiten ließen es da freilich nicht an Aushilfe fehlen und war nicht eben splendid dotirten Bischöfen in dem kirchenrechtlich verwilligten Subsidium charitativum pecuniäre Unterstützung geboten. Das war einst so gewesen, ist aber sicher längst nicht mehr. Die Bischöfe, die nicht so viel haben, um mit eigenen Mitteln reisen zu können, sind an die Beihilfe ihrer glücklicheren Amtsbrüder gewiesen oder müssen Schulden machen oder — zu Hause bleiben. Auf den amtsbrüderlichen Succurs mag wohl doch nicht immer oder vielleicht gar nur selten zu rechnen sein, und Schuldenmachen, wahrscheinlich doch nur unter hohen Percenten, ist für

einen Mann der Ordnung immer fatal, somit erübrigt nur noch
das Zuhausebleiben, das aber doch dem Begriffe der Gesammt-
vertretung ganz zuwider ist. Gleichwohl wird, wenn der Fort-
schritt in den antikirchlichen Forderungen des Liberalismus so fort
macht, wie er bereits angefangen, die betonte Nothwendigkeit eine
sehr ausgedehnte werden, somit das von den Gegnern der päpstlichen Unfehlbarkeit in Glaubenssachen so hoch gehaltene Auskunftsmittel ganz unpracticabel werden. Eine andere Gefahr mit gleichem Erfolge liegt in dem Umstande, daß den weltlichen Regie-
rungen doch ein, wenigstens thatsächliches Veto gegen die Abreise
der Landesbischöfe ins Ausland oder die Zureise der fremden an
den inländischen Versammlungsort frei bleibt. Hat doch erst noch
gegen das letzte römische Concil so manche kirchenfreundliche Jour-
nalstimme auf dieses Veto angetragen! Selbst die Bestimmung
des Ortes, wo das ökumenische Concil tagen solle, hat ihre Schwierigkeiten. Dieser Regierung ist es aus besonderen, vielleicht rein
pecuniären Gründen nicht recht, daß das Concil an jenem Orte,
jener Partei, Gott weiß warum, nicht lieb, daß es an diesem
abgehalten werden soll. Sogar nachdem die Kirchenversammlung
an einem bestimmten Orte zu Stande gekommen, können Umstände eintreten, die eine Ortsveränderung zu erheischen scheinen,
indeß eine Partei es in ihrem Interesse findet, zu bleiben. Alles
dieses macht Verhandlungen, Verzögerungen nothwendig, die für
das vorgeschlagene Auskunftsmittel zur Constatirung der religiösen
Wahrheit wenig Empfehlendes haben. Wem das nicht von selbst
klar ist, der lese nur die Geschichte des Conciles von Trient, oder
wenigstens die treffliche Indictionsbulle Papst Paulus III. (Initio
nostri hujus Pontificatus XI. Cal. Jun. MDXLII.) Daß
endlich in einer durch die Conciliar-Verhandlungen nothwendig gewordenen Abwesenheit der Bischöfe aus ihren Diöcesen nichts für
die Concilien selbst Empfehlendes liegt, sieht, ich möchte sagen,
sogar ein Blinder. Alles, was der für mehrere Monate, vielleicht

Jahre sich absentirende Bischof vorkehrt, selbst wenn er die jetzt sehr erleichterte Gelegenheit, schriftlich mit seiner Diöcese zu verkehren, fleißig benützt, ist und bleibt Surrogat, bei dem aus der Noth, wie man zu sagen pflegt, eine Tugend gemacht wird. Der rechte Bischof sieht seiner Gemeinde, so viel ihm möglich ist, selber nach und diese sieht ihn gerne in ihrer Mitte. Wehe der Diöcese, wo sich dieses gegenseitige Verlangen nicht wirklich findet, wo der Bischof die Predigt, die Visitation, die heiligen Functionen Anderen überläßt, statt in alledem seines Amtes mit voller Hingebung seiner Persönlichkeit zu walten!

11. Ich bin mit meinen Bedenken gegen das gerühmte Non plus ultra allgemeiner Concilien für die Sicherstellung des katholischen Lehrbegriffs noch nicht zu Ende. Frägt man um die dogmatische Begründung ihrer Angabe nach, so mögen Gegner immerhin auf die oben bereits angeführte Verheißung Christi und den Ausspruch des Apostels, die Kirche sei die Säule der Wahrheit verweisen; bewiesen haben sie damit nicht, was sie beweisen wollen. Denn wenn auch der Papst in seinen papstämtlichen Glaubensbestimmungen unfehlbar ist, bleibt die Kirche, zu der er ja doch als erstes Glied gehört, diese Säule und die ihn beeinflussende Gegenwart Jesu Christi gilt durch ihn der ganzen Kirche in Glaubenssachen! Man beruft sich wohl auch auf die Erklärung des Herrn: „Denn wo zwei oder drei versammelt sind in meinem Namen, da bin ich mitten unter ihnen."[1]) Diese Stelle ist jedoch, wie schon die grammatische Construction nachweist, nur in Verbindung auf die nächstvorangehende, die von Bitten an Gott spricht, zu nehmen. In dem Sinne, wie sie für allgemeine Concilien beweisen soll, würde sie zu viel, nämlich auch die Unfehlbarkeit kleinerer kirchlicher Versammlungen beweisen — was doch auch die Gegner nicht zugeben. Wenn man endlich die alleinige Competenz zur

---

[1]) Matth. XVIII, 20,

definitiven Entscheidung in Glaubensangelegenheiten aus der Apostel= geschichte, nämlich aus der endgiltigen Entscheidung über die Cere= monialfrage herholen wollte, so kann wohl in der Entgegnung darauf hingewiesen werden, daß zu dieser Entscheidung nur vier Apostel, nämlich Petrus, Jacobus, Johannes und Paulus, dann nur noch Aelteste der Gemeinde Jerusalem und Antiochiens, die eben mit Paulus nach Jerusalem abgeschickt worden, concurrirten. Wie käme diese beschränkte Versammlung, so wichtig und richtig ihr Beschluß war, zur Benennung eines allgemeinen Concils, das noch dazu für alle nachfolgenden maßgebend sein müsse? Ich weiß nicht, wer es war, der zuerst in der kirchlichen Versammlung zu Jerusalem, um d. J. 51 den Typus einer allgemeinen Kirchenversammlung gesehen, so viel aber weiß ich, daß es der Gemeinde von Antiochien bei ihrer Sendung nach Jerusalem nicht darum zu thun war, zu erfahren, was die ganze Christengemeinde, sondern nur darum, was die Apostel und Aeltesten in Jerusalem von dem streitig ge= wordenen Puncte denken. Unter diesen in Jerusalem verweilenden Aposteln war aber gerade noch derjenige, zu dem sie ganz vorzüglich Vertrauen haben mußten, da sie wußten, daß Christus selbst für seinen Glauben gebetet, ihm aber auch den Auftrag gegeben hatte, „die Brüder zu stärken."

2. Christus bittet für die Glaubensfestigkeit des Petrus.

12. Dies führt mich zu dem zweiten Argumente für die päpstliche Unfehlbarkeit in papstämtlichen Bestimmungen des christ= lichen Glaubens, auf das man längst schon Berufung eingelegt hat. Bei dem Evangelisten Lucas heißt es: „der Herr aber sprach: Simon, Simon! sieh' der Satan hat euer begehrt, daß er euch sichte wie den Weizen; ich aber habe für dich gebetet, daß dein Glaube nicht ermangle. Und wenn du verwandelt sein wirst, be=

stärke die Brüder." Die Vulgata hat: „Et si conversus fueris, confirma fratres."¹) Man gab das früher in der Uebersetzung mit: „Und wenn du bekehrt sein wirst" ꝛc. Ob nun Janus dasselbe sagen will, wenn er seinerseits dahin übersetzt:²) „Und bist du einst zurückgekehrt, so befestige deine Brüder," ist die Frage, aber wahrscheinlich meint Janus dasselbe, nämlich ein Zurückkehren vom Unglauben zum Glauben, denn er commentirt die Evangelienstelle dahin, daß er sie „blos auf Petrus persönlich, auf seine künftige Verläugnung und Bekehrung" verstehe. Petrus werde nämlich darin gemahnt, daß er, dessen Glaubensschwäche rasch vorüber gehen werde, die anderen gleichfalls im Glauben an Christus wankend gewordenen Apostel-stärken solle; darum sei es sinnwidrig, hier wo blos vom erst wankend gewordenen, dann wieder zu befestigenden Glauben an die Messiaswürde Jesu die Rede ist, die Verheißung der künftigen Unfehlbarkeit in einer Reihenfolge von Päpsten finden zu wollen, blos weil diese Männer später in der römischen Kirche die Stelle einnahmen, welche Petrus zuerst behauptete. — Eine Exegese voll Zuversicht, aber mit wenig Umsicht! Christus hat für Petrus gebeten, daß dessen Glaube nicht ermangle, sollte dies dennoch geschehen sein? Welche Vorstellung vom Verhältnisse des Gottessohnes zu seinem himmlischen Vater! Der Exeget mag das Bedenkliche seiner Annahme wohl selbst begriffen haben, darum variirt er im Ausdrucke, was er zuerst Verläugnung nennt, wird alsbald zur bloßen Glaubensschwäche, zum Wanken im Glauben gemacht — als ob das Gebet des Herrn, so allgemein davon gesprochen wird, diese Nüancen, die denn doch auch Glaubensmängel sind, zuließe! Und in der That, womit will man diesen Glaubensmangel, den man als eine „vorübergehende Glaubensschwäche" erklärt, nachweisen? Aus der heiligen Schrift gewiß nicht. Nach den Berichten der Evangelisten

---

¹) Luc. XXII. 31, 32.
²) Janus, S. 98.

war Petrus seinem gefangen genommenen Herrn und Meister bis
in den Palast des Kaiphas gefolgt. In seiner besorgnißvollen Anhänglichkeit an ihn mußte er sehen, „wo das hinauswolle." Unter den
Knechten im Vorhofe saß er bangen Herzens und trat wohl auch
zu dem Kohlenfeuer, an welchem die Dienerschaft sich wärmte. Da
näherte sich ihm eine Magd und sprach: „Und du warst auch mit
dem Jesus aus Galiläa!" „Er aber läugnete vor ihnen allen und
sprach: Ich weiß nicht was du sagst." „Als er dann zur Thüre
hinausging, sah ihn eine andere und diese sprach zu denen, die da
waren: Dieser war auch mit dem Jesus von Nazareth. Er aber
läugnete wieder und schwur dazu: Ich kenne den Menschen nicht."
„Und über eine kleine Weile traten die Umstehenden an Petrus
heran und sagten: Wahrlich du bist einer von denen, denn deine
Sprache verräth dich." „Einer von den Knechten des Hohenpriesters,
ein Befreundeter dessen, dem Petrus das Ohr abgehauen hatte,
sprach: Sah ich dich nicht im Garten bei ihm?" „Da hob er
(Petrus) an sich zu verfluchen und zu schwören: Ich kenne den
Menschen nicht. Und alsbald krähte der Hahn. Da dachte Petrus
an die Worte Jesu, als er zu ihm sagte: Ehe der Hahn krähen
wird, wirst du mich dreimal verläugnen. Er ging hinaus und
weinte bitterlich." — Nun vom Verläugnen ist da freilich die
Rede, aber was verläugnete Petrus? daß er den „Menschen"
kenne, den die Häscher eingebracht; daß er mit ihm gewesen. Das
war eine Nothlüge, die sich auf das äußere Verhältniß seines
Umgangs bezog, seinen Glauben aber gar nicht berührte. Um diesen
hatte ihn niemand gefragt, warum sollte er davon reden oder
auch nur Bezug darauf nehmen? Sein Glaube an die Messiaswürde Jesu blieb unverrückt derselbe, wie er ihn einst in Folge
göttlicher Offenbarung laut genug ausgesprochen. Dafür zeugt ja
doch schon die bittere Reue, mit der er sogleich die begangene
Lüge beweinte. Wie wäre das möglich gewesen, wenn er von seinem
Glauben abfällig geworden? Das wäre ein schlechtes Zeugniß für

jene Glaubensfestigkeit gewesen, um derentwillen ihn Christus selbst für den Felsen erklärte, auf dem die Kirche werde gebaut werden, und für die er ausdrücklich noch gebeten zu haben versicherte. Doch wozu noch viele Worte, da von der Glaubensverläugnung des Apostels weder in den vier Evangelien noch sonst an einer Bibelstelle eine Spur zu finden ist. Nur fragen noch möchte ich, was mit der angegebenen Mahnung Jesu an Petrus, der dieselbe bei dem besten Willen nicht verstehen konnte, gewonnen war? Kam doch, wie der Herr wußte, recht bald eine bessere Gelegenheit, ihn vor unmännlichem Thun zu warnen.

13. Auch die weitere Annahme, daß die anderen Apostel ebenfalls in ihrem Glauben wankend geworden, hat keine historische Grundlage. Sie verwirklichten das prophetische Wort: Ich werde den Hirten schlagen und die Schafe der Heerde werden sich zerstreuen,[1] denn als sie die Katastrophe über ihren Meister hereinbrechen sahen, „verließen ihn alle und flohen;" sie waren entmuthigt, hielten sich versteckt und verschlossen, wenn sie zusammen kamen, sorgfältig die Thüren. Außer Petrus, der schon gleich bei der Verhaftung seines Herrn mehr Entschlossenheit gezeigt hatte, nachher im hochpriesterlichen Palaste aber aus seiner Rolle gefallen war, wagte sich nur der jüngste, Johannes hervor;[2] daß aber auch er wie alle Uebrigen ihren Glauben an Christus, als den erschienenen Messias verloren hätten oder wenigstens damit in's Wanken gekommen war, wird nirgends bezeugt. Sie hofften vielmehr noch immer, er werde Israel erlösen, werde wieder aufrichten das Reich Israel[3] und Thomas, nachdem er der leiblichen Berührung des glorreichen Erstandenen gewürdigt worden war, sprach zu ihm: „Mein Herr und mein Gott!"[4] Allerdings hatten die

---
[1] Matth. XXVI, 31.
[2] Joann. XVIII, 15, XIX, 26.
[3] Luc. XXIV, 21. Act. Apost. I, 6.
[4] Joann. XX, 28.

Apostel noch nicht das volle Verständniß dessen, was sie zu ihrer Weltsendung brauchten, und war es erst die Ausgießung des heiligen Geistes am Pfingstfeste, die ihnen dazu verhalf; von den Elementen des Glaubens aber, die ihnen Christus im persönlichen Umgange mit ihnen eingesenkt, hatten sie durch die Mißhandlung ihres göttlichen Lehrers nichts verloren, wie denn auch in der Bibel nirgends angedeutet wird, daß ihr wankend gewordener Glaube erst wieder durch das kräftige Wort Petri befestigt werden mußte. Das ist Phantasmagorie, vielleicht auch etwas Perfidie des Herrn Gegners. Sind nun aber, wie erwiesen, die der Janus'schen Exegese zum Grunde liegenden Annahmen einer Glaubensdeficienz wie des Apostels Petrus, so der übrigen Apostel bloße Unterstellung, so fällt die ganze Exegese unhaltbar zusammen.

14. Auf etwas Besseres gelangt man, wird vom Primatbegriffe Ausgang genommen.

Daß Christus dem Apostel Petrus nicht aus rein persönlichen Motiven, sondern in nothwendiger Fürsorge für die Einheit seiner Kirche, darum aber auch mit dem Willen permanenter Nachfolge gewisse Vorzüge vor den übrigen Aposteln eingeräumt hat, gehört zu den Grundlehren des Katholicismus. Hat nun, wie der Evangelist berichtet, Christus, so sehr er von der Charakterfestigkeit und Glaubenstreue Petri überzeugt war, es dennoch nothwendig gefunden, insbesondere noch seinen himmlischen Vater darum zu bitten, daß er des Erwählten Glauben aufrecht erhalte, so muß seine Fürbitte wenigstens eben so sehr auch allen Nachfolgern Petri in der ämtlichen Wirksamkeit für die Einheit der Kirche gegolten haben, mit anderen Worten: Christus hat, indem er für die Glaubenserhaltung des ersten Primas seiner Kirche bat, zugleich auch für alle seine Nachfolger im Primate gebeten. Wie viele oder wie wenige Stimmen sich für diese Auslegung der in Rede stehenden Evangelienstelle in den ersten Zeiten der Kirche erhoben, oder umgekehrt eine rein persönliche Bedeutung mit Beziehung auf jene Nothlüge Petri im Palaste des Hohenpriesters angenommen haben, kann hier nichts entscheiden, da es blos literarhistorisch ist.¹) Wenn aber Janus seinen Lesern erzählt, der Erste, der von dieser (nämlich der zuletzt hier angegebenen nur höchst persönliche Beziehung jenes Gebetes auf Petrus annehmenden) Auslegung abwich und die Verheißung des Vorrechtes der römischen Kirche darin finden wollte, sei der Papst Agatho im J. 680 gewesen, als es den Versuch galt, die drohende Verdammung seines Vorgängers Honorius abzuwenden, durch welche der römischen Kirche ihr so oft gerühmter Vorzug besonderer doctrineller Reinheit verloren gehen mußte;²) so kann ich die schmachvolle Unterstellung, die damit dem heiligen Papste gemacht wird, nur bedauern. Nimmt sich doch die Insinuation so aus, als hätte Agatho, in Verzweiflung über die Ungeschicklichkeit seines Vorgängers, den (dennoch nicht gelungenen) Versuch gemacht, durch einen aus dem Lucas-Evangelium mühsam herausgeklügelten Vorwand das marktschreierische Vorurtheil von der doctrinellen Glaubensreinheit der römischen Kirche zu stützen. Wegen des Papstes Honorius muß ich den Leser auf einen nachfolgenden Artikel dieser Schrift verweisen; die stets erhaltene Glaubensreinheit der Bischöfe von Rom lag aber in so klaren Documenten³) vor Agatho, daß es gar nicht auffallen konnte,

---

¹) Janus, S. 98, 99. Da werden „die alten Kirchenlehrer" bis zum Ende des Jahrhunderts gerechnet und achtzehn angenommen. Welche es sind, sagt Janus vornehm-lässig dem Leser nicht, obwohl die gewöhnliche Doctrin nur 13 oder nach einer vielleicht doch richtigeren Zählung 17 „doctores ecclesiae" aber darunter noch zwei aus dem XIII. Jahrhunderte zählt. Noch weniger führt er aus den Schriften dieser Kirchenlehrer Texte an, die ihm Zeugniß geben — der Leser muß auf's Wort glauben, denn Janus sagt's.

²) Janus, S. 99 zu Ende d. 1. Abs.

³) Hieher gehört vorweg die schöne Stelle bei Irenaeus, advers. haeret. III, 23. „... Ad hanc enim ecclesiam propter potentiorem principalitatem necesse est, omnem convenire ecclesiam h. e. omnes, qui sunt undique fideles, in qua semper ab his, qui sunt undique conservata est ea, quae est ab apostolis traditio." Janus S. 92 f. meint, „richtig verstanden" werde hier der Vorzug der römischen Kirche „doch nur in ihr Alter, in den doppelt apostolischen Ursprung und darein gesetzt, daß die reine Ueber-

wenn er da einen höheren Einfluß in Folge jenes Bittgebetes erkennen wollte. Wenigstens machte er seinen Rückschluß nicht auf historischen Suppositionen, denn die Sache ist so gewiß, daß selbst neuere, der katholischen Richtung nicht angehörige Gelehrte für die ersten christlichen Jahrhunderte der römischen Kirche den „hohen Ruhm unbefleckter Rechtgläubigkeit" zuerkennen und eben in dem Umstande, daß „Roms Bischöfe durchgängig nur der Wahrheit und dem Rechte die Macht ihres Geistes und Ansehens liehen," einen der Gründe finden, aus denen der kirchliche Primat an den römischen Episcopat kam.[1]) — Halte ich so, durch die Autorität eines hochgelehrten Papstes, wie es Agatho ist, an meiner Auffassung fest, das Gebet für Petrus habe auch dessen Nachfolgern im Primate gegolten, so wird mir auch der Sinn des nachfolgenden: Si conversus etc. klar. Als Christus diese Worte seinem Apostel

---

lieferung daselbst durch die fortwährend aus allen Gegenden ankommenden Gläubigen bewahrt und constatirt werde." Angenommen, diese Exegese wäre richtig, so bringt sie ja eben das Resultat der steten Glaubensreinheit Roms. Aber sie ist sehr erbärmlich, diese Auslegung! Alle Gläubigen müssen mit dem Glauben in Rom zusammen stimmen, und doch besorgen eben sie selbst die römische Glaubensreinheit! Capiat, qui potest! (Mehr unter Z. 19.) Sct. Cyprian. epist. 56 ad Cornel. Rom. epist. Navigare audent (sc. Felicissimus und Fortunatus) et ad Petri cathedram atque ad ecclesiam principalem, unde unitas sacerdotalis orta est ab schismaticis et prophanis literas ferre, nec cogitare, eos esse Romanos, quorum fides Apostolo praedicante laudata est, ad quos perfidia habere non possit accessum". — Theodoretus epist. CXVI. ad Renat. presbyt. Rom. „Habet sanctissima illa sedes ecclesiarum, quae in toto sunt orbe, principatum multis nominibus atque hoc ante omnia, quod ab haeretica labe immunis mansit, nec ullus fidei contraria sentiens in illa sedit, sed apostolicam gratiam integram servavit". Gelasius in Conc. Rom. 494. „. . . Est ergo prima Petri Apostoli sedes Romana ecclesia non habens maculam neque rugam, neque aliquid hujusmodi". Ambrosius epist. (VIII, c. 4) ad Siric. „Credatur symbolo Apostolorum, quod ecclesia Romana intemeratum semper custodit et servat." S. noch anderes von gleicher Wichtigkeit bei Petrus Ballerini, de vi et ratione primatus c. XIII. §. 16 u. 17 und selbst in den Observationes quaedam etc. p. 27 u. 28.

[1]) S. Joh. Heinr. Kurtz, Kirchengesch. §. 69.

zurief, war dieser noch nicht in die ihm verheißene Stellung gekommen, war noch dasselbe, was die anderen waren und bleiben sollten. Nachdem ihm aber der Herr die ganze gläubige Menge zur Pastorisirung zugewiesen hatte, war er ein Anderer, nämlich der Centralpunct aller kirchlichen Administration und zugleich das erste Glied einer administrativen Kette geworden, in der sein Geist kräftig fortwirken soll.¹) Das also ist das „conversus", und der diesem conversus Petrus ertheilte Auftrag, die Brüder zu stärken, gilt nicht nur dem Apostel selbst, sondern auch allen seinen Nachfolgern im Primate. Ich möchte nun glauben, die eben gelieferte Auslegung der fraglichen Evangeliumstelle empfehle sich eben so durch practische Brauchbarkeit, wie durch innere Wahrheit.

Präcise, feste Glaubensbestimmungen der Päpste.

15. Von diesem Standpuncte aus erklärt sich gar leicht jene feste, zuversichtliche Sprache, mit welcher gleich in den ersten christlichen Jahrhunderten die Päpste sich über die ihnen vorgelegten Irrlehren aussprachen. Mit welcher Entschiedenheit erklärte sich Cölestin I., nachdem er aus den Homilien des Bischofs Nestorius und aus einem Berichte Cyrills von Alexandrien die richtige Ansicht der Nestorischen Lehre gewonnen hatte, gegen dieselbe, wie ernst ermahnte er den Häresiarchen zum Widerrufe binnen zehn Tagen und drohte für den Fall, als dies nicht geschehen würde, mit dem Ausschluß desselben aus der Gemeinschaft der Kirche! Als Leo I. von der Eutychischen Häresis durch den bischöflichen

---

¹) Leo I. Serm. II in assumpt. sui ad Pontif. c. 3. „Cujus (Petri) in sua sede vivit potestas et excellit auctoritas" und c. 4. „Cujus dignitas in indigno herede non deficit". Petrus Chrysol. ap. ad Eutychen: „In omnibus hortamur te, frater honorabilis ut his, quae a beatissimo papa Rom. civitatis scripta sunt, obedienter attendas, quia beatus Petrus, qui in propria sede et vivit et praesidet, praestat quaerentibus fidei veritatem".

Bericht von Constantinopel genaue Kenntniß erlangt hatte, richtete er an Flavian, den Bischof, der ihm referirte, einen Lehrbrief, der mit seiner klaren und präcisen Darstellung des entgegenstehenden Dogmas noch heute als mustergiltig bewundert wird. Und nachdem die Eutychische Irrlehre auch auf dem Concilium von Chalcedon (451) ganz nach seiner dogmatisch-kategorischen Weisung abgethan war, schrieb er an den rechtgläubigen Bischof Theodoretus von Cyrus, der auch mitgestimmt hatte: „Quae (Deus) nostro prius ministerio definierat, fraternitatis universae irretractabili firmavit assensu, ut vere a se prodiisse ostenderet, quod prius a prima omnium sede formatum totius christiani orbis judicium recepisset: (Leon. epist. CXX, c. 1.) Leo selbst sah also in seiner Erklärung an den Bischof Flavian eine endgiltige Offenbarung Gottes, wie ja gleich die ersten Worte des Briefes angeben. Allerdings führt er auch die Zustimmung der auf dem Concile von Chalcedon Versammelten auf göttliche Einwirkung zurück; daß er aber, wie meistens behauptet worden ist,[1]) der Meinung gewesen, die papstämtlichen Glaubensdefinitionen werden erst durch die Zustimmung der ganzen Kirche unwiderruflich, kann ich nicht finden. Spricht doch Leo nur von einer unwiderruflichen Zustimmung der gesammten Brüderschaft, nicht auch davon, daß jenes prius a prima omnium sede formatum durch die brüder= liche Zustimmung unwiderruflich geworden sei. Wie hätte denn auch diese Erklärung zu den ersten Worten desselben Satzes gestimmt! — Und mit welcher Ehrfurcht, mit welcher Hingabe an die von Rom her vernommene Führerstimme gaben wie zu Ephesus gegen Nestorius, so zu Chalcedon gegen Eutyches die conciliariter ver= sammelten Bischöfe ihre Stimme ab! Von einer eingehenden Debatte über die päpstlichen Vorlagen ist weder dort noch hier etwas zu finden. Als in der zweiten Conciliar=Sitzung zu Chalcedon

---

[1]) Observat. quaedam p. 21.

die kaiserlichen Commissäre den Wunsch ihres Herrn, es möchte eine eigene Glaubensformel aufgenommen werden, zu erkennen gaben, ließen die versammelten Bischöfe nur noch den Brief Leo's an Flavian zu den Symbolen von Nicäa und Constantinopel verlesen und erklärten sich mit dem lautesten Beifall für den von Leo gebrachten Ausdruck des katholischen Dogmas.[1]) Nur einige illyrische Bischöfe begehrten einige Tage Aufschub, um die Lehre Chrills mit jener Leo's ruhig und näher zu vergleichen, sie wurden aber mit ihren Bedenken an den Bischof Anatolius von Constantinopel verwiesen, um in den nächsten Tagen sogleich mit diesem und einigen anderen sehr hervorragenden Capacitäten, die sich bereits über den echt katholischen Inhalt des Leon'schen Schreibens erklärt hatten, sich zu berathen und von ihnen Belehrung einzuholen. Auch in der vierten Sitzung ward ein wiederholter Versuch des Kaisers, ein eigenes Glaubensbekenntniß zu erlangen, mit Berufung auf das schöne päpstliche Lehrschreiben zurückgewiesen und erst in der fünften Sitzung dem dringenden Verlangen des Kaisers aber in einer Formel nachgegeben, die dem päpstlichen Schreiben volle Rechnung trägt. Endlich wird in dem Synodalberichte Leo „der für Alle bestellte Dolmetsch der Stimme des seligen Petrus" genannt.

---

[1]) Die sehr gottesfürchtigen Bischöfe riefen, begreiflich in griechischer Sprache: Das ist der Glaube der Väter, das ist der Glaube der Apostel, wir alle glauben so, die Rechtgläubigen glauben so, Anathem demjenigen, der nicht so glaubt. Petrus sprach solches durch Leo; die Apostel lehrten so, fromm und wahr lehrte Leo..." Nach diesen Hochrufen hätten die begeisterten Bischöfe erst noch über die Katholicität des päpstlichen Schreibens debattirt? Nein, Herr Janus! von einer Untersuchung (Jan. S. 76) konnte weiter keine Rede sein, nachdem man mit solchem Applaus sich bereits nach dem Anhören des Schreibens ausgesprochen hatte.

Aeußerungen zweier allgem. Concilien, von Lyon 1274, von Florenz 1439.

16. Gegnerischerseits könnte man vielleicht auf den Einfall kommen, den vorgeführten Aeußerungen Leo's und der zu Chalcedon versammelt gewesenen Kirchenvorsteher nur ganz individuelle Bedeutung beizulegen. Das bleibt jedem, dem solch' engherzige Auffassung in seinem oppositionellen Streben zusagt, allerdings frei: dagegen verschließen sich nachfolgende zwei Concilienstellen der gleichen Annahme. In den Acten des zweiten Lyoner Concils v. J. 1274 findet sich ein auf diesem Concil abgelegtes Glaubensbekenntniß des griechischen Kaisers Michael Paläologus und da heißt es unter Anderem auch: „Sancta Romana ecclesia summum et plenum primatum et principatum super universam ecclesiam catholicam obtinet, quem se ab ipso Domino in beato Petro, Apostolorum principe sive vertice, cujus Romanus Pontifex est successor, cum potestatis plenitudine recepisse veraciter et humiliter recognoscit. Et sicut prae caeteris tenetur fidei veritatem defendere, sic et si quae de fide subortae fuerint quaestiones, suo debent judicio definiri. Ad quem potest gravatus quilibet super negotiis ad ecclesiasticum forum spectantibus appellare et in omnibus causis ad examen ecclesiasticum spectantibus ad ipsius potest judicium recurri et eidem omnes ecclesiae sunt subjectae et ipsarum praelati obedientiam et reverentiam sibi dant. Ad hanc autem sic potestatis plenitudo consistit, quod ecclesias ceteras ad sollicitudinis partem admittit quarum multas et patriarchales praecipue diversis privilegiis eadem Romana ecclesia honoravit, sua tamen observata praerogativa tum in generalibus conciliis tum in aliquibus aliis semper salva. Soll es nun Aufgabe des Papstes sein, ent-

standene Glaubensfragen endgiltig zu entscheiden, so muß er auch die Fähigkeit dafür haben, es muß aber diese Fähigkeit, damit sie als sicher vorhanden angenommen werden kann, durch höheren Einfluß verbürgt sein, so wie es nothwendig ist, daß auch der Wille des Papstes, der Wahrheit Zeugniß zu geben, durch göttliche Gnade geleitet werde. Widerstände der menschliche Wille des Papstes, dann würde wohl doch der göttliche Stifter der Kirche Mittel finden, die Erscheinungen des kirchlichen Lebens so auszugestalten zu lassen, daß die päpstliche Erklärung selbst wider Willen des Erklärenden die katholische Wahrheit bekundet. Dies ist wenigstens katholische Ueberzeugung, zu welcher die angeführte ächt katholische Glaubensformel bringt, wenngleich mathematische Beweise, geologische und andere naturhistorische Gründe dafür nicht vorhanden sind. Wahr ist es zwar, von der päpstlichen Unfehlbarkeit in Glaubenssachen ist in der Lyoner Formel nicht ausdrücklich gesprochen; aber liegt denn nicht in dem „definiri," von dem die Formel spricht, die Negation aller weiteren Entscheidung und setzt das nicht eben voraus, daß die Streitsache nach ihrer vollen dogmatischen Wahrheit, um die es sich ja eben handelt, entschieden ist? Liegt darin nicht eine klare Anerkennung der päpstlichen Unfehlbarkeit? Die Gegner der Lehre von der päpstlichen Unfehlbarkeit in Glaubenssachen suchen es darum in Abrede zu stellen, weil damit ein Lehrsatz als durch ein allgemeines Concil sanctionirt angesehen werde, der doch von diesem weder discutirt noch beschlossen worden sei [1]). Darauf antworte ich: Der Kaiser Michael Paläologus hatte bereits mit dem Papste Urban IV. im J. 1263 wegen der Wiedervereinigung der s. g. schismatischen Griechen mit der römischen Kirche unterhandelt. Unter dem nächstfolgenden Papste Clemens IV. wurden die Unterhandlungen fortgesetzt und in Folge derselben von Clemens dem Kaiser

---

[1]) S. Observat. quaedam p. 78 z. E. d. 1. Abs.

im J. 1267 ein Glaubensbekenntniß zur Annahme überschickt. Die Angelegenheit verzögerte sich und kam erst unter dem weiterfolgenden Papste Gregor X. zum Abschluß. Dieser Papst schrieb eine allgemeine Kirchenversammlung nach Lyon aus, um auf derselben unter Anderem, das zu verhandeln war, die endgiltige Vereinigung der katholischen Kirche mit den Griechen zu solennisiren. Dahin nun schickte Michael Paläologus das von Clemens IV. ihm zugekommene Glaubensbekenntniß mit erklärter Annahme und Unterschrift. Vor dem Papste in Gegenwart von 500 Bischöfen und gar vielen Ordensvorstehern wurde dasselbe verlesen und von dem Acropoliten und Groß-Logotheten Georgius im Namen des Kaisers, dessen Auftrage gemäß, beschworen. Darauf folgten rituelle Acte und dann wurde dasselbe Glaubensbekenntniß zuerst vom Papste in lateinischer, dann im Schiffe der Kirche von dem griechischen Patriarchen auf erhöhtem Sitze in griechischer Sprache verlautbart.[1]) Wenn die anwesenden Bischöfe in diesem Vorgange eine Verletzung der katholischen Wahrheit fanden, so war es ihre Sache, Protest zu erheben; haben sie aber nicht protestirt, so haben sie entweder pflichtwidrig oder, weil das Vorgetragene in ihrer Ueberzeugung lag, pflichtmäßig geschwiegen. Bei dieser Alternative darf gewiß Niemand Anstand nehmen, das Letztere für wahr zu halten. Was sollte aber dann noch Discussion und Abstimmung, wo die Uebereinstimmung ohnehin vorlag?

---

¹) Ich folge in dieser historischen Darstellung den Raynaldischen Annalen zu d. J. 1267, 1272, 1274, wenigstens vorzugsweise. Insbesondere will ich von daher eine Erklärung Clemens IV. an Kaiser Paläologus, der um ein allgemeines Concil gebeten hatte, ansetzen: „. . . nos tamen nullo modo proponimus concilium ad discussionem seu diffinitionem hujusmodi, non quod cujusquam faciem vereamur, vel eandem sacrosanctam Rom. ecclesiam Graecorum superari prudentia timeamus, sed quia prorsus indecens fuit, imo non licet nec expedit in dubium vocari praemissam verae fidei puritatem, tot sacrae paginae auctoritatibus, tot sanctorum roboratam sententiis, tot Romanor. Pontificum stabili diffinitione formatam." (Raynald a. 1267. n. 19.)

17. Zur Discussion der auf dem Lyoner Concil auch griechischerseits acceptirten Glaubenspuncte kam es erst 165 Jahre später, auf dem allgemeinen Concile von Florenz im J. 1439. Die zu Lyon inaugurirte Wiedervereinigung nämlich war vielen zu Hause gebliebenen griechischen Bischöfen nichts weniger als erwünscht. Zwar gab sich der Kaiser viele Mühe um die allgemeine Annahme; er ließ durch zwei Synoden von Constantinopel die Beschlüsse des Lyoner Conciles bestätigen, ließ belehren und bedrohen; doch eben der Zwang des Kaisers gegen die widerhaarigen Bischöfe und Andere, sodann das unkluge Verfahren der zwei Päpste Nicolaus III. (1277—1280) und seines Nachfolgers Martin IV. (II.) zerstörten Alles. Schon Michael Paläologus selbst zeigte sich gegen das Ende seiner Regierung anderen Sinnes und unter seinem Sohne Andronicus II. kam die alte Kirchentrennung wieder zurück. Erst wieder im nächstfolgenden Jahrhunderte fanden es griechische Kaiser, bedrängt durch die immer weiter um sich greifende Herrschaft der Türken, recht sehr in ihrem Interesse, durch Versöhnung und Vereinigung mit Rom ihre politische Stellung zu festigen; doch nur der dritte Versuch im XV. Jahrhunderte unter dem Kaiser Joannes VII. Paläologus und dem Papste Eugen IV. brachte einigen leider aber einen viel geringeren Erfolg, als Kaiser und Papst erwartet hatten. In der nach eingehenden Verhandlungen über die controversen Glaubenspuncte zu Stande gekommenen Vereinbarung heißt es dann auch: „Definimus sanctam apostolicam sedem et Romanum Pontificem in universum orbem tenere primatum et ipsum Pontificem Romanum successorem esse beati Petri, principis Apostolorum et verum Christi vicarum totiusque ecclesiae caput et omnium Christianorum patrem et doctorem existere et ipsi in beato Petro pascendi, regendi ac gubernandi universalem ecclesiam a Domino nostro Jesu Christo plenam potestatem traditam esse." Die Griechen verlangten noch den Zusatz:

„quem ad modum et in gestis oecumenicorum conciliorum et in sacris canonibus continetur," was ihnen auch verwilligt wurde. Janus gibt dazu folgenden Commentar:[1] „Damit waren die Grenzen der päpstlichen Gewalt und die Regeln ihrer Ausübung bezeichnet, aber dieselbe war in so enge Schranken eingeschlossen, auf ein so bescheidenes Maß zurückgeführt, daß Eugen und seine Theologen wohl nimmermehr zugestimmt hätten, wenn sie den wahren Sachverhalt gekannt und nicht unter dem Eindruck alter und neuer Fälschungen sich ein verkehrtes Bild von den alten Concilien und der Stellung der Päpste zu denselben gemacht hätten. Die Griechen verstanden unter den ökumenischen Concilien nur diejenigen, welche in den acht ersten Jahrhunderten im Orient und während der Gemeinschaft der beiden Kirchenhälften, der östlichen und der westlichen gehalten worden waren, und das erkannte man in Rom als selbstverständlich an, weßhalb in der ersten dort gedruckten Ausgabe und in dem Privilegium Clemens VII. ja selbst noch in der römischen Ausgabe von 1626 das Concil von Florenz als das achte ökumenische Concil bezeichnet war. In den ersten sieben Concilien war aber von bestimmten Hoheitsrechten des Papstes nicht weiter die Rede, nur sein Vorrang vor allen anderen Patriarchen war im 28. Chalcedonischen Canon anerkannt: die Appellationen, welche Eugen begehrte, waren gerade von den alten Concilien verboten. Aber die Lateiner, denen bei der Erwähnung der alten Concilien nur die Fabeln von Sylvester, Julius, Vigilius u. s. w. und die erdichteten Canones vorschwebten, meinten in diesem Wortlaute des Decrets ausreichend für den päpstlichen Vortheil gesorgt zu haben." — Auf solche hämische Nachrede läßt sich mit Wenigem genug antworten. Es mag sein, daß mit jenem Zusatze die Griechen in herkömmlicher Taktik sich für den Fall, daß ihnen die Ansprüche des Papstes unbequem würden, eine Reserve begründen wollten; entscheiden kann dies

---

[1] Janus, S. 346 f.

nichts. Denn mit ihrer Rückkehr und Wiederaufnahme in die katholische Gemeinschaft nahmen sie selbstverständlich den vollen katholischen Glaubens satz an und müssen sohin nicht blos die ersten sieben, sondern auch alle weiteren Concilien, welche katholischerseits als ökumenisch gelten, dafür ansehen. Ob übrigens die vorgebrachte Voraussetzung, auf der die ganze gewundene Interpretation der Florentiner Definition basirt ist, schon zur Zeit der Florentiner Vereinbarung bestanden habe, wäre noch zu untersuchen; die dafür in der Janus-Stelle angegebenen Gründe sind ja doch nur aus einer späteren Zeit genommen. Aber angenommen, die Griechen hatten damals wirklich schon jene engherzige Auffassung, so ist es gewiß auffallend, daß nur „Eugen und seine Theologen" nichts davon gewußt haben sollten, während „man das in Rom als selbstverständlich anerkannte," daß die Griechen dieser Ansicht sind. Unbegreiflich! und gewiß der Gedanke näher liegend, daß die Janus-griechischen Argumente spätere Vorkehrungen sind, mit denen man den Rückzug zu decken meinte. Schließlich mag noch bemerkt sein, daß es eben so unrichtig ist, wenn herausgehoben wird, die Appellationen nach Rom seien von den alten Concilien verboten worden, als es der Wahrheit widerspricht, in den ersten sieben Concilien sei von bestimmten Hoheitsrechten des Papstes nicht weiter die Rede und werde nur ein Patriarchal-Vorzug auf dem Concile von Chalcedon dem römischen Bischofe zuerkannt. Für ein Verbot nach Rom zu appelliren wird sich kein allgemeines Concil aufbringen lassen, es wäre denn, man wollte sich auch jetzt noch auf den can. V. Concilii Nicaeni [1]) berufen und etwas mit excentrischem Interpretiren herausholen, was nimmermehr darin liegt. Diesen Versuch haben schon die africanischen Bischöfe gemacht, als es galt, ihr unbeschränktes Verbot überseeischer Apellationen zu rechtferti-

---

[1]) S. c. 73, C. XI. q. 3, leider mit einem „et infra". Doch sieht man aus Allem deutlich, daß hier nicht von abgeurtheilten Bischöfen die Rede ist nur von anderen Clerikern.

gen;[1]) sie kamen aber dem Papste gegenüber bis zu einer demüthigen Bitte herab[2]) und sahen fortan die Praxis der Kirche gegen ihre Bestimmung Front machen.[3]) Der weiteren Behauptung, als werde von den ersten sieben Concilien doch immer nur ein primatus honoris anerkannt, kann ich getrost alle Synodalschreiben aus jenen ersten Jahrhunderten entgegenhalten. Der submisse Ton, der bereitwillige Gehorsam, die darin hervortreten, geben doch gewiß noch von etwas mehr, von der Anerkennung einer fest begründeten höchsten Jurisdiction, die von Rom aus über die Kirche waltet, Zeugniß. Was insbesondere das Prärogativ der papstämtlichen Unfehlbarkeit in Glaubenssachen betrifft, so wird zwar dasselbe nirgends in jenen sieben ersten Concilien formell anerkannt, aber die Acclamationen, die dem Papste Leo I. auf dem Concile von Chalcedon und in ähnlicher Weise dem Papste Agatho auf dem sechsten allgemeinen Concile v. J. 680 zu Theil wurden, lassen vielleicht

---

[1]) c. 35. C. II. q. 6.

[2]) In dem Synodalschreiben an Cölestin I. stellen die africanischen Bischöfe in größter Devotion vor, er habe den von ihnen abgeurtheilten Priester Appiarius in irriger Voraussetzung allzu eilig in die Kirchengemeinschaft zurückgebracht und reihen daran die Bitte, der Papst wolle Bittgesuche Verurtheilter aus Africa nicht leicht zulassen, Bischöfe und Priester sowie andere Cleriker an heimischen Gerichten ihr Recht zu suchen und zu nehmen anweisen. Zwar spreche diessfalls das Concilium Nicaenum nicht ausdrücklich von Bischöfen; aber es liege wenigstens im Geiste des Nicäner Canons, „ne in sua provincia suspensi", a sua „sanctitate vel festinanter vel praepropere vel indebite videantur communioni restitui; weiter heißt es, Seine Heiligkeit möge der übrigen Cleriker „improba refugia" („sicut" se „dignum est") zurückweisen, denn nirgends sei durch der Väter Beschluß in dieser Beziehung der africanischen Kirche derogirt worden und haben die Nicäner Canones die niederen Cleriker wie die Bischöfe selbst ihren Metropoliten ganz offenbar überlassen.

[3]) Von dieser vielfach nachgewiesenen Praxis erklärt es sich, daß auch Gratian am Schlusse der Milevitaner Verfügung (s. c. 35. C. II. q. 6.) den Zusatz machte: „Nisi forte Romanam sedem appellaverint," was er durch die sogleich nachfolgende Bestimmung des Concils von Sarbica (c. 36, C. 2, q. 6) zu rechtfertigen sucht.

doch mehr dafür als dagegen argumentiren. Wer wollte da das Gegentheil annehmen?

Gründe gegen die päpstliche Unfehlbarkeit. Unsinn dieser Meinung.

18. Ich muß nunmehr auch den Gründen nachsehen, die von den Gegnern der päpstlichen Infallibilität in Glaubensangelegenheiten für ihre Negation vorgebracht werden. Die Liberalen sehen in den Verhandlungen des letzten römischen Concils "Orgien des Hochmuths, Anmaßungen des Gewissensthrannen in Rom," in dem Dogma der päpstlichen Unfehlbarkeit, der "herrlichen Frucht" dieses Concils "ein Attentat auf den gesunden Menschenverstand," "ein Mensch ließ (wie sie es verstehen) sich von einer Versammlung von Menschen die Gottähnlichkeit zuerkennen," "ohne zu bedenken, daß die ganze civilisirte Welt gegen solche Zumuthung empört protestiren müsse."[1] Was kann mit diesem Attentate anderes gemeint sein, als daß die Aufstellung des Dogmas, von dem die Rede ist, nur bei jenen gelingen kann, die alles regelrecht fungirenden Verstandes baar sind? Das also ist nach der liberalen Doctrin ganz unverständig, daß der Katholik nach den Principien seines Glaubens sich versichert hält, Gott werde es jederzeit zu fügen wissen, daß der, dem die höchste Leitung der Kirche auf Erden anvertraut ist, in seinen ämtlichen Glaubensbestimmungen nur für das sich erklärt, was wirklich katholische Wahrheit ist? Ja gewiß, das ist unvernünftig in den Augen Aller, die nichts von Gott, nur von Geschichte wissen wollen, oder die wenigstens, weit entfernt von dem, was der Katholik die Kirche nennt, nur einen verschwommenen Religions-Communismus mit autonomer Eklektik des denkenden Menschen würdig finden. Wer aber von dem

---

[1] S. die Tagespresse v. J. 1871, Nr. 134, S. 2.

schattenlosen Götterbaume der Erkenntniß noch nichts oder doch nicht so viel genossen hat, daß er im Rausche der Selbstvergötterung herumtaumelt, der weiß es wenigstens aus einem christlichen Jugendunterricht, daß es eine Kirche gibt, daß diese Kirche göttliche Verheißungen hat und daß um dieser Verheißungen wegen ganz sicher die Apostel alle die Gabe der Unfehlbarkeit in Glaubenssachen hatten, ohne daß es Jemanden eingefallen ist, ihnen Gottähnlichkeit beizulegen. Was aber die civilisirte Welt, die noch christliche Begriffe sich bewahrt hat, bei so vielen Aposteln um ihrer kirchlichen Mission willen als vorhanden gewesen annimmt, das wird sie wohl doch auch um eben dieser kirchlichen Mission wegen bei Einem als möglich annehmen können? Der andere Theil der civilisirten Welt mag immerhin der Kirchenversammlung, die das nicht blos für möglich, sondern für thatsächlich annimmt, spotten — rief doch schon die civilisirte Welt von Alt-Jerusalem den Aposteln bei deren erster Predigt nach: Sie sind voll des süßen Weines!¹) Hat das die Apostel oder diejenigen, die Sinn für die religiöse Wahrheit hatten, gehindert oder gekümmert? Und wenn sich die civilisirte Welt an dem Scheine der Gottähnlichkeit des Papstes, den sie sich grundlos genug aus dem Dogma der päpstlichen Unfehlbarkeit in Glaubenssachen abstrahirt, so überaus ärgert, so mag sie sich dafür in der süßen Lehre Darwins Erholung suchen!

Keine Schriftstelle dafür, keine Tradition.

19. Eine andere Partei, die es mit christlichen Ideen ernster und ehrlicher nimmt, findet daran Anstoß, daß die päpstliche Unfehlbarkeit, wie sie meint, weder in der heiligen Schrift noch

---

¹) Acta Apost. II, 13.

in der kirchlichen Tradition anerkannt sei. Es ist dies in soweit richtig, als man eine directe ausdrückliche Anerkennung haben will. Zu dem Inhalte einer Rede gehört aber auch das, was sich durch einen richtigen Schluß aus derselben ergibt. In dieser Voraussetzung kann die oben bereits erörterte Stelle aus dem Evangelium des heil. Lucas als beweisend aufgeführt werden. Aber auch mit dem Einwurfe der über die päpstliche Unfehlbarkeit mangelnden Tradition läßt sich unter eben dieser Voraussetzung rechten. Den angeblich geheimen Traditionen der Gnostiker gegenüber äußerte der heil. Bischof Irenäus von Lyon hinsichtlich der römischen Kirche: „Ad hanc enim ecclesiam propter potentiorem principalitatem necesse est, omnem convenire ecclesiam, hoc est, omnes, qui sunt undique fideles, in qua semper ab his, qui sunt undique, conservata est ea, quae est ab apostolis traditio." (Advers. haeres. III, 3.) Hätte er bei dieser unumwundenen Anerkennung der römischen Glaubens-Hegemonie und im Hinblick auf das apostolische Zeugniß, die Kirche sei die Säule der Wahrheit, dennoch dem Gedanken Raum gegeben, die von Rom ausgehende Leuchte in Glaubensangelegenheiten könne ein Irrlicht sein? Wenn ihm aber ein solcher Gedanke gewiß ferne geblieben ist, so war es der Gegensatz, an dem er halten mußte, durch die von dem römischen Primat ausgehenden Glaubensbestimmungen werde die Kirche in der katholischen Richtung nie geirrt werden. Mehr auch will die Lehre von der päpstlichen Unfehlbarkeit in Glaubenssachen nicht bedeuten. Irenäus war bekanntlich ein Schüler des heil. Bischofs Polycarpus von Smyrna, dieser wieder ein Schüler des Apostels Johannes. Mit keiner Silbe gibt er zu verstehen, daß seine Erklärung von der römischen Hegemonie in Glaubenssachen blos seine Privatmeinung sei; wäre es dennoch gar so absurd, wenigstens vermuthen zu wollen, wenn es auch nicht streng zu erweisen ist, der Bischof Irenäus von Lyon habe seinen Lehrsatz von der nothwendigen Congruenz aller Gläubigen mit der Kirche zu Rom nach einer durch seinen Lehrer Polycarpus erhaltenen apostolischen Weisung formulirt?

Ich fürchte den Einwurf nicht, Irenäus spreche ja doch nicht vom römischen Bischof, sondern von der römischen Kirche. Nach dieser Auffassung wäre es des heiligen Bischofs Meinung gewesen, die Glaubenseinheit der ganzen Kirche habe sich aus der Glaubenseinheit der zur Kirche von Rom gehörigen Christen auszugestalten. Aber wie soll sich für alle Welt diese römische Glaubenseinheit manifestiren, wenn nicht eben durch die ämtlichen und ihrer Form nach dafür erkennbaren[1]) Erklärungen ihres Bischofs, an die ja doch wieder jeder Einzelne der römischen Kirche gewiesen bleibt? Und wo findet sich für die römische Kirche eine solche Legitimirung zur Glaubensführerschaft, wie sie der Apostel Petrus und durch ihn seine Nachfolger in dem für die Kirche nothwendigen Primate erhalten haben? Nun, wenn Irenäus in der angeführten Stelle von der Glaubens-Hegemonie der römischen Kirche spricht, versteht er sicher nichts anderes, als die päpstliche Leitung der Glaubensangelegenheiten; die dahin gehörigen Bestimmungen finden sich aber am zuverlässigsten, sei es zur Lebenszeit, sei es nach dem Tode des Papstes, der sie erlassen, im Depositum der Kirche, an der sie zunächst erlassen worden sind. So erklärt sich die Irenäische Diction. Ich fürchte aber auch nicht die Erklärung dieser schönen Stelle, die ihr Janus gibt: „In den ersten drei Jahrhunderten ist Irenäus der Einzige, welcher den Vorzug der römischen Kirche mit der kirchlichen Lehre in Zusammenhang bringt, diesen Vorzug aber, richtig verstanden (!), doch nur in ihr Alter, in den doppelten apostolischen Ursprung und darein setzt, daß die reine Ueberlieferung daselbst durch die fortwährend aus

---

[1]) Ballerini l. c. cap. XV. §. 6, n. 25 Note 1 z. E. „definitiones Pontificum Romanorum ex cathedra editae satis eo discernuntur, si iis verbis sunt propositae, quibus ex officio et jure primatus fidei unitatem in Ecclesia custodiendam et ab omnibus catholicis praestandam declarant."

allen Gegenden ankommenden Gläubigen bewahrt und constatirt werde." — Also die Reinheit des der römischen Kirche überlieferten Glaubens wird durch das fortwährende Zusammenströmen von fremden Gläubigen in Rom bewahrt und constatirt und doch sollen alle diese Fremdlinge, wie ja doch überhaupt alle Mitglieder der Kirche ihren Glauben nach dem römischen conformiren — wie soll man dies verstehen? So etwas hat Irenäus sicher nicht sagen wollen! Der Schlußsatz: „in qua semper ab his, qui sunt undique, conservata est ea, qae est ab apostolis traditio," erklärt sich ganz einfach und im besten Einklange mit dem Vordersatze, wenn man „ab his, qui sunt undique" in der Bedeutung pro his oder ratione horum, qui etc. nimmt. Daß damit gegen die Latinität nicht verstoßen wird, brauche ich Sprachkennern nicht erst vorzubemonstriren. Eben so meine ich das: „propter potentiorem principalitatem" anders verstehen zu sollen, als es Janus nimmt. Findet Irenäus bei der römischen Kirche die Führerschaft in Glaubenssachen, so muß er dafür einen besonderen Grund haben. Alter und Ursprung der römischen Kirche durch die Thätigkeit der Apostel Petrus und Paulus können dieser Grund nicht sein, Alter, sagt man, schützt vor Thorheit nicht, und daß dies auch von kirchlichen Gemeinden gilt, zeigt die Geschichte der Kirche, die aber auch sehr deutlich nachweist, daß eine Kirchengemeinde darum, weil sie in ihrer Entstehung und Fortbildung apostolische Thätigkeit für sich hatte, noch gar nicht gegen das Gift der Häresis sicher war. Und wie viel Sicheres ist denn von jener Doppelstiftung der römischen Kirche, wie man nach den Angaben der Eusebischen Kirchengeschichte unbedenklich annimmt, bekannt geworden?" Ungemein mehr und Genaueres weiß man, schon aus der Apostelgeschichte, von der apostolischen Thätigkeit in Antiochien. Auch in Antiochien und vielleicht mehr als in Rom waren Petrus und Paulus thätig, die Christengemeinde von Antiochien war älter, als jene von Rom und waren die Jünger am ersten zu Antiochien

Christen benannt worden.¹) Dennoch will Irenäus nicht der Kirche von Antiochien, sondern der von Rom die Führerschaft im Glauben zuerkennen und das „propter potentiorem principalitatem," „wegen der mächtigeren Vorzüglichkeit," was doch wohl so viel ist als: wegen der befähigteren hierarchischen Stellung. Nicht die hohe Stellung (principalitas), sondern die mit der hohen Stellung verbundene höhere Macht oder Befähigung zur Erkenntniß und Bezeugung des Glaubens ist das entscheidende Moment, auf das Irenäus reflectirt hat. Dadurch wird für alle Kirchenangehörige die Reinheit des Glaubens erhalten.

Die Vorgänge der ersten christlichen Jahrhunderte dagegen.

20. Auch aus den Vorgängen der ersten christlichen Jahrhunderte für die Reinerhaltung des kirchlichen Glaubens will man gegen die Lehre von der päpstlichen Unfehlbarkeit in Glaubenssachen argumentiren²). Wahrscheinlich soll sich aus den Angaben die man aus jenen ersten Zeiten machen zu können meint, diese Unfehlbarkeit als ganz überflüssig herausstellen; man übersieht aber, daß die Verhältnisse, unter denen jetzt die kirchliche Glaubenslehre aufrecht erhalten werden soll, ganz anders stehen, als sie vor so und so vielen Jahrhunderten standen. Mag sein, daß, wie man aus gewissen sehr dürftigen Nachrichten combinirt, einst, bei dem unbedingten Vertrauen der Gläubigen zu ihren Bischöfen einerseits und der energischen Amtsführung dieser Bischöfe anderseits, schon das bischöfliche Wort, in Exegese der heiligen Schrift und mündlicher Ueberlieferung für die volle Sicherheit des Glaubens in der Gemeinde genügte; schon im zweiten und noch mehr im dritten Jahrhunderte fanden es die Bischöfe sehr oft nothwendig, in hierarchischen Vereinen

---

¹) Acta Apost. XI, 19—26.

²) S. vornehmlich Observat. quaedam etc. p. 7. seq.

gegen den andringenden Irrthum Front zu machen. Wofür sich viele Bischöfe entschieden hatten, das konnte natürlich der günstigsten Aufnahme in den Provincial-Gemeinden gewiß sein. Hatte man aber gar erfahren, daß auch in einer oder gar in mehreren Provinzen kirchliche Vereine in gleicher Weise Beschluß gefaßt, so wuchsen begreiflich die Chancen für die gläubige Hinnahme des Beschlossenen. Als aber zu Anfang des IV. Jahrhundertes der Alexandriner Arius mit seiner Behauptung, Gott-Sohn sei zwar das erste und vornehmste Geschöpf Gott-Vaters, aber doch nur Geschöpf und darum dem letzteren nicht wesensgleich, die kirchliche Fundamentallehre der göttlichen Drei-Einigkeit angriff, und sein Anhang lawinenartig immer größer und kühner wurde, ungeachtet eine Provincial-Synode von Alexandrien (321) gegen die neue Lehre sich ausgesprochen und den Neologen selbst von der Kirche ausgeschlossen hatte; da begriff man, daß es auf dem bisher eingehaltenen Wege nicht mehr gehe, es müsse sich über diese Glaubensangelegenheit das kirchliche Bewußtsein des Gesammt-Episcopates aussprechen. Wer zuerst auf diesen Gedanken gekommen, ob Kaiser Constantin, dem die Vermittlung der Ausführung zugeschrieben wird[1]), oder der Papst Sylvester, der doch wenigstens die nichtrömischen Bischöfe berufen mußte, ist aus Mangel an Detailnachrichten nicht zu beantworten. Zu Nicäa in Bythinien kamen 318 Bischöfe zusammen und verurtheilten den Arius mit seiner Lehre; sofort nahm der Kaiser, der damals noch nicht Christ, aber schon sehr nahe daran war, es zu werden, den Streit für abgethan und ergriff im Interesse des Reiches seine weiteren Maßregeln. — Vom Standpuncte des Kaisers, der für die Wiederherstellung des Friedens in den religiös aufgeregten Provinzen, zumals des Orients besorgt sein mußte und durch die schön zusammen stimmenden Aeußerungen so vieler ehrwürdigster Autoritäten befriedigt

---

[1]) Rufin. Hist. Eccl. I, 1, er sagt aber „ex sacerdotum sententia apud urbem Nicaeam episcopale concilium convocat."

war, ist dies sehr verständlich; auffallend aber mochte es scheinen, daß auch sofort Alles, was durch die Taufe in die Kirche eingegangen und noch freien Sinn für die Wahrheit sich bewahrt hatte, wie Constantin, dachte, die Arianische Lehre stehe nicht in katholischer Richtung. Die 318 Bischöfe, zumeist aus dem römischen Reiche, repräsentirten doch nicht einmal den Episcopat dieses Reiches geschweige denn der ganzen Kirche; somit war das, was sie bestimmten, ganz gewiß nicht der Ausdruck des episcopalen Gesammtbewußtseins in dogmatischer Beziehung. Nahm man nun doch die Erklärung für echte katholische Wahrheit überall und sogleich auf, so muß der Schwerpunct der Katholicität wohl doch wo anders als in dem Gesammt-Bewußtsein des Episcopates liegen. Wo er zu suchen sei, zeigt ein Blick in die Geschichte der kirchlichen Concilien. Im Jahre 381 hatten sich, veranlaßt durch ein Convocationsschreiben des morgenländisch-römischen Kaisers Theodosius[1]), der vornehmlich wieder einem päpstlichen Verlangen nachgab, aber auch den häretischen Wirren ein Ende machen wollte, 186 orientalische Bischöfe in Constantinopel eingefunden und in geordneten Versammlungen über katholische Dogmen, zumal über die Lehre vom heiligen Geiste und die Unterscheidung von Häretikern, die bei ihrer Aufnahme in die Kirchengemeinschaft nicht wieder zu taufen seien, und solchen, die eigentlich keine Häretiker, weil ungiltig getauft sind, sohin bei ihrer Aufnahme in die Kirchengemeinschaft erst noch einmal getauft werden müssen, dann aber auch über einige Disciplinarpuncte ausgesprochen. Von den 186 Bischöfen waren aber 36 von häretischen Ansichten inficirt, also nur 150[2]) bei den Beschlüssen über dogmatische Angelegenheiten zusammen einig. Wer wäre naiv genug, in diesen Beschlüs-

---

[1]) Prosper, Chron. ad a. 381. Theodoret. H. E. V. 6, 7, 23. Epist. Concil. Aquilejens. ad Theod. Gratian. et Valent. a. 381.

[2]) Daher zählt Isidorus Hispal. überhaupt nur 150 Bischöfe im II. ökum. Concil. s. c. 1, Dist. XV.

sen ben Ausbruck bes Gesammt-Bewußtseins der Kirche zu sehen? Waren es doch nur einige orientalische Bischöfe, die sich, nicht einmal unter Zustimmung des Papstes, Damasus, zusammenstimmend aussprachen! Damasus wollte vielmehr eine viel allgemeinere Berathung von occidentalischen und orientalischen Bischöfen in Rom haben, er setzte davon den Kaiser in Kenntniß und verlangte, daß die orientalischen Bischöfe, nachdem sie in Constantinopel die besonderen Kirchenangelegenheiten ihrer Diöcesen geordnet haben würden, zur allgemeinen Versammlung nach Rom kommen sollten. Das geschah zwar nicht, doch rechtfertigten diese Bischöfe ihr Wegbleiben schriftlich und schickten dieses Schreiben sammt ihren eigenen Verhandlungen, gewiß wenigstens alle die den Glauben betrafen, durch eine Deputation von drei aus ihrer Mitte gewählten Bischöfen nach Rom. Hier wurden dieselben von den bereits anwesenden Bischöfen des Occidents unter päpstlicher Intervention in Untersuchung gezogen und als mit dem katholischen Glauben völlig übereinstimmend anerkannt. Alsbald bestätigte der Papst das zu Constantinopel Geschehene[1]) (382). Erst von jetzt an wurden überall, wo man katholisch sein wollte, die den Glauben betreffenden Erläuterungen, die im Jahre 381 zu Konstantinopel beschlossen worden waren, als ächt katholisch anerkannt. Auch in Seleucia waren im Jahre 359 nur orientalische Bischöfe, 160 der Zahl nach, und in Rimini sogar gegen 400 occidentalische Bischöfe durch Vermittlung des Kaisers Constantius zusammen gekommen, aber die dort wie hier gemachten Glaubensbestimmungen blieben für die Kirche bedeutungslos, schon darum, weil sie, wie auf einer Synode vom Jahre 366 zu Rom Papst Damasus wenigstens hinsichtlich der Versammlung von Rimini erklärte, die Bestätigung des römischen Stuhles, die vor Allen aufzusuchen gewesen wäre, nicht erhalten haben. Kann man da noch im Zweifel sein,

---

[1]) Photius, lib. de septem synodis ad Michaelem imp.

wo, — ob im zusammenstimmenden Bekenntnisse aller Bischöfe also begreiflich auch des römischen, oder in der papstämtlichen Erklärung allein, die Katholiken des IV. Jahrhundertes die katholische Glaubenswahrheit verbürgt fanden? Der römische Bischof in seinen ämtlichen Erklärungen des Glaubens war ihnen der untrügliche Sonnenzeiger für die ganze Kirche und bei dieser Ansicht war dem Bedürfnisse eines sicheren Glaubens gewiß besser Rechnung getragen, als wenn sie das Schiboleth der Glaubensächtheit im Consense der ganzen Kirche suchen zu sollen gemeint hätten, bei der Erforschung dieses Gesammt-Consenses aber an den immer bedenklichen Schluß aus den Aeußerungen einer größeren oder kleineren Anzahl[1]) örtlich versammelter Bischöfe oder wohl gar aus dem nachgehenden Benehmen des in seinen Amtsbezirken zerstreuten Episcopates gewiesen worden wären.

Mangel päpstlicher Urtheile gegen die Häresien der ersten Zeiten.

21. Die Gegner der päpstlichen Unfehlbarkeit haben aus den kirchlichen Annalen noch eine andere Thatsache aufgestöbert, welche, wie sie behaupten, der Infallibilist schlechterdings nicht zu erklären vermag, diese nämlich, daß während eine reiche Literatur über die christlichen Secten und Häresien aus den ersten sechs Jahrhunderten vorhanden sei, „von keiner einzigen berichtet werde, daß sie die päpstliche Autorität in Glaubenssachen verworfen habe, wiewohl es z. B. an Aërius hervorgehoben wird, daß er das Episcopat als eine eigene hierarchische Stufe geläugnet habe[2]).“ Man müßte,

---

[1]) Leicht spricht man die Forderung einer so großen Anzahl von Bischöfen aus, daß durch ihr abgesammeltes Zeugniß der Consens der ganzen Kirche deutlich gezeigt werden mag (Observat. quaed. p. 12); aber ist das auf diese Weise gewonnene Resultat logisch richtig, ist es etwas mehr, als was man heutzutage die gemeine Meinung nennt oder dafür auszugeben pflegt?

[2]) Janus, S. 96.

um dieser Bemerkung, die keckhin leichter zu machen als zu würdigen ist, angemessen zu begegnen, die vielen Glaubensirrungen und Versuche hochmüthigen Trotzes, von denen griechische und lateinische Schriftsteller berichten, genau studiren: dazu fehlt es mir an Zeit und Lust; so viel läßt sich aber selbst bei einer minder genauen Kenntniß dieses historischen Stoffes nicht verkennen, daß die Päpste von jeher einen überwiegenden Antheil an der Reinerhaltung der katholischen Glaubenslehre genommen haben. Davon beweist schon die bereits im Jahre 342 vom Papste Julius I. in einem Schreiben an die Eusebianer betonte Gepflogenheit, in Folge deren er in dergleichen Angelegenheiten Berichte erwarten könne,[1] — eine Gepflogenheit, die bald darauf von dem Concile zu Sardica als etwas sehr gutes und zweckmäßiges in dem Synodalschreiben eben wieder an Julius I. gepriesen wird.[2] Als nach der Mitte des dritten Jahrhundertes der Oberbischof Dionysius von Alexandrien wegen einer gegen den Irrlehrer Sabellius, einen Presbyter von Ptolomais, verfaßten Widerlegungsschrift in den Verdacht heterodoxer Ansicht vom Sohne Gottes kam, wandte er sich an den ihm gleichnamigen Bischof Dionysius von Rom, um sich zu rechtfertigen[3]. Fand dieser unschuldig Verdächtige den Weg zu dem rechten Glaubenshort in Rom; sollten ihn dahin nicht auch die Bischöfe gefunden haben, die mit ihrer eigenen Autorität einer aufgährenden Häresie sich nicht erwehren konnten? Wahrscheinlich doch, wenngleich vielleicht keine Nachrichten im Detail vorhanden sein sollten. Freilich so lange die Bischöfe selbst ausreichten, war ihnen eine höhere, päpstliche Intervention nicht nothwendig und wäre das Nachsuchen darum sehr unbescheiden

---

[1] S. Constant. Epist. R. P. coll. 385.

[2] „Hoc enim optimum et valde congruentissimum esse videbitur, si ad caput i. c. Petri apostoli sedem de singulis quibuscunque provinciis domini referent Sacerdotes."

[3] Baronius Annal. ad a. 263. Mansi, Concil. T. I. coll. 1015.

gewesen. So mag dann, da die damaligen Bischöfe sich das Vertrauen ihrer Gemeinden zu erwerben und zu erhalten wußten, manche irrige Glaubensansicht, von der in alten Historien erzählt oder doch Erwähnung gemacht wird, schon bischöflicherseits für immer vertilgt worden sein; andere Glaubensirrungen wurden auf Provincial-Versammlungen der Bischöfe abgethan und hatten das papstämtliche Definitivum ganz überflüssig gemacht. Wurde aber die Sache wirklich nach Rom gebracht, dann erledigte sie der Papst nach altherkömmlicher Sitte, die sich wohl an die Apostelgeschichte anschloß, unter Berathung einer bischöflichen Versammlung aus der römischen Umgebung, wohl auch solcher Bischöfe aus der Ferne, die sich im kirchlichen Interesse in Rom befanden. Daraus darf man jedoch nicht schließen wollen, als hätten sich die Päpste keine Fähigkeit richtiger Selbstentscheidung zugetraut. Wohl hatte der Apostel Petrus die Fähigkeit, die dogmatische Frage von der Nichtbeachtung des jüdischen Ceremonialgesetzes selbst und allein zu erledigen; er ließ aber gerne eine Berathung und Beschlußfassung zu, weil er dem Wunsche der Antiochener nicht unnöthig entgegentreten und durch sein Beispiel der Zusammengehörigkeit und Einmüthigkeit Ausdruck geben wollte. Aehnliche Motive mochten wohl auch bei den Päpsten, wenn sie nur nach Berathung mit einigen Bischöfen ihre Glaubensbestimmungen erließen, wirksam gewesen sein. Später trat dann noch die Macht der Gewohnheit dazu, der auch der Papst bei allem Bewußtsein seiner Machtvollkommenheit sich nicht entziehen wollte, und des guten Beispiels wegen sich nicht entziehen konnte.

Aeußerungen kirchlicher Autoritäten dagegen.

22. Man könnte versucht sein, dem so eben betonten Bewußtsein päpstlicher Machtvollkommenheit auch in Angelegenheiten des Glaubens Aeußerungen kirchlicher Autoritäten entgegenzustellen,

die geradezu widersprechen. Eine der ältesten solcher Aeußerungen, deren Aechtheit freilich noch nicht genug erprobt ist, bringt der alte Canonist Gratian¹) unter der Aufschrift: Ex dictis Bonifacii martyris oder nach anderen Ausgaben, wahrscheinlich auf Jvo's Angabe:²) Bonifacii martyris et Archiepisc. Mogunt. Zuerst wird da von der Gefährlichkeit eines schlechten Papstes gesprochen, dann heißt es: „Hujus culpas istic redarguere praesumit mortalium nullus, quia cunctos ipse judicaturus a nemine est judicandus, nisi deprehendatur devius a fide, pro cujus perpetuo statu universitas fidelium tanto instantius orat, quanto suam salutem post Deum ex illius incolumitate animadvertet propensius pendere." Es kömmt diese gar deutliche Ansicht, daß auch der Papst dem Irrthum im Glauben zugänglich sei, zwar nicht von einem Papst selber, aber doch, wenn ja von dem berühmten deutschen Erzbischofe, von einem Manne, der ganz im apostolischen Geiste dachte und darum ganz sicher der päpstlichen Stellung nicht zu nahe treten wollte. Aber noch mehr! Hat doch auch Innocenz III. geäußert: „Für andere Sünden erkenne ich nur Gott als meinen Richter, aber wegen einer in Glaubenssachen begangenen Sünde kann ich von der Kirche gerichtet werden." Und Innocenz IV. gab zu, daß man einem Gebote des Papstes, worin etwas Häretisches enthalten sei oder welches die ganze kirchliche Ordnung zu zerrütten drohe, nicht gehorchen dürfe und daß ein Papst im Glauben auch irren könne." Der gelehrte Deutsche, dem ich dies nachschreibe, sagt noch dazu in einer Note, Innocenz IV. lehre: „Papa etiam potest errare in fide et

---

¹) c. 6, Dist. XL.
²) Vielleicht aber lehnt sich diese Aeußerung an die Synodal-Erklärung des Papstes Symmachus auf der bischöflichen Versammlung zu Rom i. J. 504. „Est enim a multis praedecessoribus nostris synodaliter decretum atque firmatum, ut oves, quae pastori suo commissae fuerint, eum nec reprehendere, nisi a recta fide exorbitaverit, praesumant, nec ullatenus pro quacunque re alia, nisi pro sua injustitia accusare audeant.

ideo non debet quis dicere: Credo id, quo credit Papa, sed illud, quod credit ecclesia et sic dicendo non errabit," es finde sich aber diese Stelle nur im Repertorium des Commentars Innoc. in Decretal V, 39 — in den späteren Ausgaben habe man sie im Texte getilgt.¹) Der gelehrte Widersacher, der alles dies weiß, bringt etwas später noch einen sehr gelehrten Papst Hadrian VI. „der des Bewußtseins von seiner Unfehlbarkeit so völlig bar war"²), daß er sein theologisches Hauptwerk, worin „er als Professor der Theologie zu Löwen behauptet hatte, mehrere Päpste seien häretisch gewesen und es sei gewiß, daß ein Papst eine Ketzerei durch seine Entscheidung oder Decretale aufstellen könne," „in Rom selbst und als Papst neu drucken ließ." Anhangsweise darf ich auch noch sagen, wie die Gegner der päpstlichen Unfehlbarkeit in Glaubenssachen auch sogar darin ein Geständniß des Gegensatzes finden wollen³), daß „Innocenz VIII. noch im Jahre 1486 die Orthodoxie der Pariser Hochschule zu einer Zeit anerkannte, wo diese, wie ihre Theologen Almain und Johann Major in ihrem Namen erklärten, die Lehre von der Superiorität des Papstes über das Concil als Ketzerei brandmarkte und in ganz Frankreich und Deutschland in diesem Sinne gelehrt wurde;" daß der Cardinal von Lothringen dasselbe auf der Synode zu Trient versicherte, ohne daß dort ein Widerspruch erfolgt wäre." — Die Trienter Versammlung läßt den Cardinal von Lothringen ohne Widerspruch bei seiner Meinung, war vielleicht zu hoffen, der Widerspruch werde ihn bekehren? Gewiß nicht, also ließ man geschehen was nicht zu ändern war, ohne sich präjudiciren zu lassen in jener hohen Meinung, die man von der päpstlichen Stellung offen genug erklärte. Innocenz VIII. nannte die Pariser Hoch-

---

¹) Janus, S. 295, wo sich auch die Angabe der Werke dafür findet. Ebenso allegirt der Verfasser der Observat. quaed. p. 49, 50.

²) Janus, S. 399.

³) Janus, S. 398.

schule eine orthodoxe, vielleicht in wohlmeinender Courtoisie, wie man jetzt wohl noch von mancher Universität, als einer katholischen im römisch-ämtlichen Kanzleistyle spricht, von der man richtiger den Ausdruck confessionslos gebrauchen könnte; vielleicht that er es auch im Rückblick auf die vielen Verdienste dieser Hochschule um katholische Wissenschaft, indem er dabei gerne übersah, wie einzelne Lehrer dort einer vom Geiste des Zeitalters getragenen aber irrigen Lehre nachhingen. So angesehen eignen sich wohl die angegebenen Erscheinungen von Paris und Trient gar schlecht zu Conclusionen gegen die päpstliche Unfehlbarkeit in Glaubenssachen. Desto schärfer scheinen die anbezogenen Erklärungen eines der Sache des katholischen Primates sehr gewogenen deutschen Oberbischofs und dreier Päpste selbst dagegen zu sprechen; doch näher angesehen verlieren auch sie ihre anscheinende Schärfe. Vorweg stellt sich doch heraus, daß drei dieser Aeußerungen gar nicht von Päpsten herrühren: die erste, wenn sie wirklich ächt ist, kömmt von einem hierarchisch hochgestellten Mann, der aber doch nicht Papst war, so gewiß er hohe Verdienste dafür gehabt hätte; die dritte und vierte kommen von zwei Gelehrten, denen später die Ehre zu Theil geworden, auf den päpstlichen Stuhl erhoben zu werden [1]. Die zweite (von Innocenz III.) läßt zwar diese Bemerkung nicht machen; daß aber der Papst Innocenz III. bei diesem Sermon die Absicht gehabt habe, papstämtlich eine katholische Glaubensbestimmung zu machen, dagegen spricht schon die Form seiner Aeußerung. Doch wenn auch diese Absicht angenommen wird, läßt sich die päpstliche Erklärung

---

[1] Vielleicht gilt hier in einem sehr guten Sinn das sonst Verhöhnte: Honores mutant mores. Daß diese zwei Päpste ihre Werke in den späteren Ausgaben nicht abändern wollten, wird doch nicht maßgebend sein sollen. Die Abänderung der früheren gelehrten Meinung, die der Papst machen wollte, sähe einer Verquickung des doctrinellen mit dem magisteriellen Standpuncte sehr ähnlich und wäre deshalb weder Doctrin noch Emanation des kirchlichen Lehramtes. S. wegen Innocenz IV. noch insbesondere Benedict XIV. De synod. dioeces. Prooem. p. IX. (Ferrar. 1760).

ohne alle Schwierigkeit auf des Papstes Glaubensansichten, die er nicht als papstämtliche Glaubens-Bestimmungen gelten lassen will, beziehen. Denn daß ein Papst auch außer dem Falle papstämtlicher Lehrfunction in Glaubenssachen unfehlbar sei, ist noch Niemanden nach ernster Erwägung des ganzen Verhältnisses zu behaupten eingefallen. So läßt sich, wie von selbst auffällt, auch die Meinung des Apostels der Deutschen, vielleicht auch des Gelehrten Sinnibald Fiesco (nachherigen Papst Innocenz IV.) interpretiren. Wie freilich die Ansicht, daß der Papst hinsichtlich seines Glaubens von der Kirche gerichtet werden dürfe, practisch durchzuführen sei, ist nirgends gesagt und bei dem Umstande, daß Concilien, auf die man etwa verweisen wollte, nur durch die Autorität des Papstes rechtsbeständig sind [1]), auch schwer zu sagen. Eben so schwer möchte es sein, einen zureichenden Grund dafür aufzufinden, daß der Papst, wie sehr er gesündigt habe, nur Gott allein verantwortlich bleibt, im Puncte eines Glaubensdefectes aber auch der Kirche Rede stehen müsse [2]). Soll etwa gar ein apostolisches Beispiel [3]) dafür sprechen? Schwer zu glauben!

Sct. Cyprian's Benehmen dagegen.

23. Einen strengen Beweis, wie unbekannt in den ersten Zeiten der Kirche der Gedanke an die päpstliche Unfehlbarkeit in Glaubensbestimmungen gewesen, meinen die Gegner dieser Unfehlbarkeit aus dem Benehmen des berühmten Thascius Cäcil. Cyprianus, Bischofs von Carthago († 258) erbringen zu können. Fest wie ein Mann voll Ueberzeugung und Character vertrat er selbst

---

[1]) c. 4. X de elect.

[2]) Ich glaube es nach dem bisher Gesagten nicht mehr nöthig zu haben auch die unter Note 1, S. 51 angeführte Stelle zu kritisiren. Sie ist wegen des unbestimmten „pro sua injustitia" noch weniger practisch als die anderen.

[3]) Galat. II. 11—14.

dem Papste Stephanus I. gegenüber die Lehre von der Ungiltigkeit einer von Häretiker-Hand ertheilten Taufe[1]). Wie konnte er das, wenn er an die päpstliche Unfehlbarkeit in Glaubensbestimmungen wirklich geglaubt hätte? Die schriftliche Verhandlung zwischen ihm und dem Papste war eine sehr scharf geführte, Stephanus drohte sogar mit der Excommunication; Cyprian gab nicht nach. Daß dann der Papst auch die Ausschließung aus der Kirchengemeinschaft gegen Cyprian ausgesprochen und vollzogen habe, davon findet sich in den historischen Quellen nichts und ist dies sohin um so weniger anzunehmen, je freundlicher der nachgefolgte Papst Sixtus II., der noch im Todesjahre Stephans 251 gewählt worden ist, sofort den africanischen Bischof behandelte, und auch von einer formellen Widerrufung einer solchen Excommunication nichts erwähnt wird. Wahrscheinlich hatte Stephanus in der Hoffnung, Cyprianus werde doch bald noch zur bessern Erkenntniß kommen, mit dem äußersten Schritte kirchlicher Disciplin gegen diesen durch Eifer, Kraft und Weisheit in der kirchlichen Verwaltung ausgezeichneten Mann gerne gezögert; da überraschte ihn der Tod, sein Nachfolger im Pontificate aber war eine viel zu friedfertige Natur, als daß er mit aller Macht, die ihm zu Gebote stand, gegen einen so hoch verdienten Bischof auftreten wollte. So blieb es bei der bereits ausgesprochenen Drohung, bis es dem großen Kirchenvorsteher beschieden war, den Flecken, den er sich durch seine Opposition zugezogen haben möchte, durch sein für die christliche Lehre vergossenes Blut wieder auszulöschen. Uebrigens waren es Mißverständnisse auf seiner, wie auf päpstlicher Seite, welche Cyprian in diese schiefe Stellung brachten. Cyprian war ein denkender Christ und hatte für seine Ansicht aus den Tiefen der Theologie mehrere in

---

[1]) S. den Tractatus de baptismo Haereticorum bei Mansi, Concil. T. I. coll. 934 seq. Rettberg, Cyprianus nach seinem Leben und Wirken, Götting. 1831.

der That sehr leicht täuschende Gründe aufgebracht¹). Auch hatten bereits zwei bischöfliche Versammlungen, eine unter dem Oberbischofe Agrippinus im Jahre 215 und wieder eine unter Cyprian selbst im Jahre 255 sich gegen die Ketzertaufe ausgesprochen; endlich schien es nach der pästlichen Erklärung, als wolle Stephanus gar nie die Wiedertaufe eines bei einer häretischen Partei Getauften zwecks seiner Aufnahme in die katholische Kirche verstatten²). Ob diese Umstände Stephanus genau gekannt und gewürdigt, ist noch eine Frage³); so viel aber ist sicher anzunehmen, daß der Bischof von Carthago, nachdem ihm die sehr unerwartete Nachricht zugekommen, der Papst wolle ihn und Alle, welche die Giltigkeit der von einem Häretiker ertheilten Taufe verwerfen, aus der Kirchengemeinschaft ausschließen, bei seinem südlich reizbaren Naturell kaum in der Verfassung war, mit ruhigem Geiste die von Stephanus schroff hingestellte Lehre in ihren Gründen zu prüfen. Wäre er bei ruhigerer Ueberlegung nicht wieder zu seiner eigenen Doctrin zurückgekehrt: „Hanc ecclesiae unitatem qui non tenit, tenere se fidem credit? Qui ecclesiae renititur et resistit, qui cathedram Petri, super quem fundata est ecclesia, deserit, in ecclesia se esse confidit?"⁴) Liegt denn aber in dieser „cathedra Petri" nicht die unfehlbare Lehrgewalt, wie solche nämlich der Apostel selber hatte, auch für alle seine Nachfolger im Primate bezeugt? Oder könnte dieses in schöner, leidenschaftsloser Begeisterung abgebene Zeugniß durch ein Abstract aus dem späteren, kummervoll bewegten Leben des Zeugen, über das noch dazu viel historisches Dunkel verbreitet ist, paralysirt, überwogen werden?

---

¹) Cyprian, epist. 70 ad Januarium et caeteros episcop. Numidiae.

²) Cyprian ep. 71.

³) S. Eusebius, H. E. VII, 5.

⁴) S. darüber Ballerini de vi et rat. prim. c. XIII. §. 3. n. 11. Nota 1. Döllinger, Kirchengesch. Landshut 1833, I. S. 360.

Sct. Augustinus dagegen.

24. Darauf wäre nicht leicht Jemand verfallen, wenn sich nicht in dem Buche des heiligen Augustin von der Taufe, das er gegen die Donatisten geschrieben, eine Reflexion auf den Bischof, von dem so eben gehandelt wurde, vorfände, aus der sich folgern läßt, Cyprian habe nur darum seine Ansicht fest behalten, weil zu seiner Zeit die katholische Wahrheit noch nicht durch ein vollständiges Concil ans Licht gestellt war, wie denn auch Augustin selbst nur dann etwas mit Entschiedenheit als katholisch zu behaupten wage, wenn er sich auf die einmüthigste Autorität der katholischen Kirche stützen könne. Wörtlich lautet die Stelle, in welcher das auffallende Benehmen Cyprians in der Taufcontroverse einer milderen Beurtheilung zugeführt, vielleicht gar gerechtfertigt werden soll, wie folgt: „Neque nos tale aliquid auderemus asserere quale Stephanus jussit, nisi Ecclesiae catholicae concordissima auctoritate firmati, cui et ipse (sc. Cyprianus) cederet, si jam illo tempore veritas eliquata per plenarium Concilium solidaretur"[1]). Nach Janus hat Augustinus behauptet, „der Ausspruch des Stephanus, so categorisch er auch gelautet, sei noch keine kirchliche Entscheidung gewesen, weßhalb auch Cyprian und die Africaner ein Recht gehabt hätten, denselben zurückzuweisen; erst mit dem Decret eines großen (plenarium) Conciliums (er meint die Synode von Arles vom Jahre 314) sei eine wirkliche und allgemeine Verpflichtung zur Annahme gesetzt worden[2]). Nun wohl, Augustinus stellte sich mit einer päpstlichen Glaubensbestimmung nicht zufrieden, er verlangte als Definitive die Feststellung eines Glaubenssatzes durch die einmüthigste Autorität der

---

[1]) August. de baptismo contra Donatist. II, 4 n. 5.
[2]) Janus, S. 71.

katholischen Kirche und meinte, mit dieser Doctrin seinen gefeierten Landsmann auch in einem Puncte, in dem er anstößig zu sein schien, vertheidigen zu können; war er aber auch dann noch dieser Ansicht, als er in der durch Pelagius angeregten Streitsache in öffentlichem Auftreten seiner andächtigen Gemeinde erklärte: „Zwei Concilienschlüsse sind in dieser Sache nach Rom abgegangen, von dorther auch die Rescripte darauf eingelaufen, die Sache ist beendigt, o, möchte nur auch endlich einmal der Irrthum aufhören!" Auf diesen zwei africanischen Concilien hatten sich zwar viele, aber nicht alle Bischöfe Africas gegen die Pelagische Lehre ausgesprochen, es gab also noch viele andere, deren Ansicht dem eifervollen Prediger entweder noch ganz unbekannt oder geradezu als die entgegengesetzte bekannt war; wo aber blieb da die „concordissima ecclesiae catholicae auctoritas, als doch schon jener jetzt stereotyp gewordene Ausspruch, die Sache sei abgethan, gemacht wurde? Wahrscheinlich hatte der gelehrte Bischof von Hippo bei wiederholter Prüfung seiner Theorie gefunden, daß sie doch für das Bedürfniß des kirchlichen Lebens nicht ausreicht. Wie sollte denn die concordissima ecclesiae auctoritas sich offenbaren? Nach dem anbezogenen Texte zu schließen, durch ein plenarium Concilium, ohne daß man ersehen kann, was darunter zu verstehen sei. Angenommen (nach Janus), Augustinus habe darunter ein „großes Concil" verstanden, so mußte er bei einer Revision seiner schönen Abhandlung von der Taufe sogleich darauf kommen, wie wenig demjenigen, der nach religiöser Wahrheit verlangt, mit diesem relativen Begriff gedient ist. Warum sollte Augustinus das Particular=Concil von Arles mit seinen 200 Bischöfen im Auge gehabt haben? Aber wie groß man sich auch eine hierarchische Versammlung von Bischöfen denken mag, wenn man nicht alle, die es überhaupt gibt, örtlich versammelt und alle derselben Glaubensansicht sein läßt — immer kömmt es bei der Schlußfassung auf eine ohne dogmatische Grundlage concipirte Majorisirung in Glaubenssachen hinaus und fällt die concordissima ecclesiae catholicae auctoritas von selber fort. Augustinus hätte nicht der vorurtheilsfreie Denker oder ein in der Theorie des Parlamentarismus gedrillter Theolog, wie die Neuzeit dergleichen aufweist, sein müssen, um darüber nur einen Augenblick zweifeln zu können. So kam es dann, daß er, überzeugt, es müsse die göttliche Weisheit des Kirchenstifters für die stets sichere Erkenntniß seiner Glaubenslehre Vorsorge getroffen haben, seine Doctrin von der Erkenntnißquelle des christlichen Glaubens, die er in dem Werke von der Taufe annahm, verließ und das Princip der Glaubenssicherheit in den ämtlichen Glaubensbestimmungen des Nachfolgers im Episcopate jenes Apostels suchte und fand, der auf die Frage des Herrn, für wen ihn seine Schüler halten, die Antwort gab: Du bist Christus, des lebendigen Gottes Sohn, und für den der Herr gebeten hat, damit sein Glaube nicht ermangle"[1]). Daher sein bedeutsames Predigerwort: Der Papst habe den bischöflichen Erklärungen gegen Pelagius beigestimmt, die Sache sei völlig entschieden: Daher die kirchliche Parömie selbst.

25. Der vertheidigten Ansicht, Augustinus von Hippo sei zwar, als er gegen die Donatisten sein Werk über die Taufe schrieb, der Meinung gewesen, eine päpstliche Glaubensstimmung allein enthalte noch kein Definitivum, er sei aber in den Pelagischen Bedrängnissen der Kirche anderen Sinnes geworden, tritt jetzt wieder eine gelehrte Doctrin entgegen[2]), welche die offenbar einander entgegenstehenden Aeußerungen des großen Kirchenlehrers in Ausgleichung zu bringen versucht. Man müsse unterscheiden, betreffe es Glaubensirrungen, von denen jeder Verständige leicht einsieht, daß sie den apostolischen Traditionen widersprechen, oder

---

[1]) S. c. 3. X. de baptis.

[2]) S. Observat. quaedam et p. 18; aber f. schon Ballerini l. c. cap. XIII. §. 9, n. 51, wo diese Theorie als eine der „cavillationes adversariorum" bezeichnet und bestritten wird.

gelte es so einem Irrthum, daß auch gutgesinnte Katholiken darüber bedenklich werden, ja daß ein ansehnlicher Theil der Kirche ihn wie eine katholische Wahrheit annimmt. Im letzten Falle, meinen diese Doctrinäre, genüge nach Augustinus das päpstliche Urtheil noch gar nicht zur endgiltigen Entscheidung, es stehe vielmehr noch immer denen, die einer anderen Ansicht sind, völlig frei, dabei zu bleiben und nach ihrer Ueberzeugung zu handeln, bis es Gott gefalle, durch den Consens der Kirche Licht über die dunkle Frage zu bringen. — Nun, wenn diese Unterscheidung zwischen leicht- und schwerfaßlichen Glaubensirrungen aus den zwei angeführten Aeußerungen Augustin's entnommen werden soll, so müßten offenbar seine Predigtworte auf leicht begreifliche, seine Aeußerung gegen die Donatisten dagegen auf schwere Glaubensirrthümer bezogen werden. Woher wollte man beweisen, daß Augustinus wirklich so unterschieden und die Pelagische Lehre für eine Bagatelle von Glaubensirrthum angesehen habe? Was, die Lehre von dem Verhältnisse des menschlichen Willens zur göttlichen Gnade, welche eben Pelagius angegriffen hat, hätte Augustinus als so klar und über alle Bedenkenmöglichkeit erhoben bei seinen Zuhörern in der Cathedrale von Hippo vorausgesetzt, daß ihnen der auf Naturphilosophie gegründete und dem menschlichen Hochmuthe so schmeichelnde Irrthum der Pelagius-Lehre sehr begreiflich sein mußte? Wahrlich, die literarische Thätigkeit des großen Kirchenlehrers, der mit den hieher bezüglichen Fragen und Untersuchungen die ganze nachfolgende Zeit seines Lebens beschäftigt war, zeugen dafür nicht! In einem solchen literarischen Werke erklärte er mit vollstem Rechte die Pelagische Lehre für eine „aperta pernicies"; sie war dies ihm, sie war es Allen, welche Studien darüber auf kirchlichem Boden gemacht hatten, sie war dies aber gewiß nicht seinen Predigtzuhörern in Hippo und war es noch Vielen nicht, sonst hätte Pelagius diesen Anhang nicht gefunden, um dessentwillen Concilien in Asien und Africa veranstaltet werden mußten. Und hatte man, wenn der Irrthum so offen vorlag, es nothwendig, erst noch das päpstliche Urtheil darüber einzuholen? Wenn man gegnerischerseits [1]) bemerkt hat: „Das Pelagianische System war in seinen (Augustin's) Augen eine so offenbare und (?) grundstürzende Irrlehre (aperta pernicies), daß zu ihrer Verurtheilung ihm nicht einmal eine Synode nöthig schien; durch die zwei africanischen Synoden, und den Beitritt des Papstes zu deren Beschlusse war nach seiner Meinung schon überflüssig viel geschehen und konnte die Sache als abgeschlossen betrachtet werden:" so heißt das eine Selbstgenügsamkeit in der Beurtheilung fremder Geistesthätigkeit, die doch gar sehr an doctrinellen Uebermuth grenzt, zur Schau stellen, abgesehen davon, daß es dem Prediger Augustinus doch nicht blos um seine eigene, sondern auch, und so eigentlich um seiner Zuhörer Meinung zu thun sein mußte, er bei diesen aber die klare Ueberzeugung, die er selbst hatte und die freilich keiner kirchlichen Nachhilfe bedürftig war, nimmermehr voraussetzen konnte. — Wenn man endlich meint, Augustinus sei bei seiner frühern Meinung der für die definitive Erledigung schwieriger Glaubenscontroversen nicht ausreichenden Entscheidung des Papstes geblieben und hätten ihn die Vorgänge mit Papst Zosimus darin nur bestärken können, so ist mit diesem: „hätte bestärken können" noch nicht bewiesen, daß ihn die Vorgänge mit Zosimus wirklich bestärkt haben. Dies war aber auch gar nicht mehr möglich, da Augustinus seine Meinung, noch ehe es zu jenen Vorgängen unter Papst Zosimus kam, geändert haben mußte [2]). Uebrigens konnte Augustinus aus jenen trüben Vorgängen auch nach der oben behaupteten Aenderung seiner Ansicht von den päpstlichen Glaubensbestimmungen noch viel Brauchbares entnehmen; einmal schon, daß die päpstliche Unfehlbarkeit sich nicht auf historisches Erkennen bezieht und dann das päpstliche

---

[1]) Janus, S. 75.

[2]) Die Predigt war ja noch unter Innocenz I. gehalten worden.

Erkenntniß den Irrthum in seinem factischen Bestande nicht behebt. Das hatte er allerdings schon in seinen Predigtworten zu verstehen gegeben; er fand also nur die Bestätigung seiner Meinung. War es aber anders nach den Entscheidungen allgemeiner Concilien gegen Arius und Macedonius, die, obzwar sie schon im IV. Jahrhunderte gemacht worden waren, die arianischen und macedonianischen Irrlehren noch immer nicht überall zur Zeit Augustin's beseitigt hatten?

Vincenz von Lerin dagegen.

26. Noch eines dritten Kirchenvaters Aeußerung, auf welche die Gegner sich berufen, soll sogleich in Betrachtung genommen werden. Vincentius von Lerin (dem berühmten Inselkloster im mittelländischen Meere, unweit der französischen Küste), um 450 gestorben, sohin noch ein Zeitgenosse Augustin's († 430), lehrt in seinem das ganze Mittelalter hindurch als Normalschrift des ächten Katholicismus angesehenen Commonitorium adv. haeres. c. II. „In ipsa item catholica Ecclesia magnopere curandum est, ut id teneamus quod ubique, quod semper, quod ab omnibus creditum est. Hoc est etenim vere proprieque catholicum, quae ipsa vis nominis ratioque declarat, quod omnia fere universaliter comprehendit. Sed hoc ita demum fiet, si sequamur universitatem, antiquitatem, consensionem." Eine neuere Gelehrtenstimme setzt dazu: „Vierzehn Jahrhunderte sind seitdem verschlossen, doch die Kraft dieser Worte ist unvermindert; denn die Wahrheit die sie ausrufen, haftet sehr tief in jedes Katholiken Innern, daher sie auch alle Väter der Kirche bezeugt und verkündet haben. Wenn aber eine Lehre deshalb katholisch ist, weil sie in allen Kirchen wie der Gegenwart, so der Vergangenheit lebendig gewesen und lebendig ist und sohin durch die Aeußerung der Uebereinstimmung

aller Kirchen Gewißheit erlangt wird, daß sie von Gott geoffenbart ist, so ist zwar das von der römischen Kirche gegebene Zeugniß hoch zu halten, aber allein bewirkt es dennoch jene Gewißheit nicht. Fort mit jenen zweideutigen Reden, in welchen Einige die Schwierigkeit zu verdecken suchen. Genügt das Eine und alleinige Zeugniß der römischen Kirche zur Verpflichtung irgend einer Lehre als von Gott geoffenbart beizustimmen? Wenn es genügt, dann sind die Zeugnisse aller anderen überflüssig: wer aber das behauptet, der muß einem Principe absagen, das so alt in der Kirche ist, wie der katholische Name, und dem die Päpste selbst wie wörtlich so thatsächlich sehr oft ihren Beifall gegeben haben. Im Verlaufe von vier Jahrhunderten, deren Mühen nothwendig war, um den rechten Glauben in Betreff der Dreieinigkeit und der Menschwerdung zu befestigen, berief man sich unzähligemal auf den Consens der Kirchen wie auf das sichere Unterpfand der Wahrheit und niemals haben die Päpste widersprochen, sondern vielmehr anstandslos dieselbe Meinung bekannt"[1]). — Ich kenne den Verfasser nicht, bemühe mich auch nicht, ihn aus der beliebten Anonymität herauszulocken; daß aber aus diesen Zeilen Einer wie Cicero pro domo sua spricht, fällt doch in die Augen. Wie dem sein mag, die Aeußerung des gelehrten Mönches kann mich so wenig alteriren, wie das Exposé seines vielleicht gelehrteren Commentators. Was Vincentius von Lerin aus dem der Kirche seit jeher von Freund und Feind beigelegten Prädicate katholisch und aus der Begründung dieser Bezeichnung argumentirt, ist eben so klar als richtig, aber für ein Erkenntnißprincip der Katholicität nicht geeignet. Soll man, um die Katholicität eines Satzes zu erproben, tief eingehende historische Studien machen, um zu erfahren, wie man zu allen Zeiten darüber an allen Kirchen gedacht hat und wie man noch jetzt denkt? Dazu haben der n doch die Allerwenigsten das rechte Zeug! Und wie denn, wenn es sich um

---

[1]) Observat. quacdam p. 22.

die Katholicität eines Satzes fragt, der blos eine Fortbildung des katholischen Lehrbegriffes, eine Consequenz aus gewissen katholischen Prämissen sein soll, für die es in früheren, einfältigeren Zeiten noch gar kein Bedürfniß gab, die Frage deßhalb auch nirgends zur Untersuchung kommen konnte? Oder wenn sie zwar zur Untersuchung kam, aber hier so, dort anders entschieden wurde? Als im III. Jahrhundert der Streit über die von Häretikern ertheilte Taufe losbrach, da zeigte es sich, daß man in Cappadocien, Phrygien, Galatien, Cilicien nach uralter ununterbrochener Gewohnheit, in den Diöcesen Africas wenigstens seit d. J. 197 dergleichen Taufen als ungiltig ansah und diejenigen Mitglieder einer häretischen Secte, die so getauft worden waren, bei ihrem Ansuchen um Aufnahme in die Kirche noch einmal taufte. Mehrere Synoden in Phrygien und Carthago, darunter eine mit 71 africanischen Bischöfen, den Oberbischof Cyprianus an der Spitze, hatten sich unumwunden dafür ausgesprochen. Alle diese asiatischen und africanischen Bischöfe galten als Glieder der großen Katholikengemeinschaft und wird derjenige, der diese jetzt als verworfen anzusehende Lehre am eifrigsten vertrat, kirchlicherseits sogar unter den Musterbildern christlichen Sinnes genannt: zu welchem Resultate wäre aber derjenige gekommen, der den Character der in Frage gestellten Lehre von der Giltigkeit der s. g. Ketzertaufe nach dem Principe der Universalität hätte entscheiden wollen? Wo war da das: „quod semper, quod ubique, quod ab omnibus?" Ich wäre neugierig, mit welchen sophistischen Wendungen das herauszubringen sei. Und wenn heute wieder die Katholicität einer Glaubensansicht, über die es noch zu keinem Abschlusse gekommen ist, z. B. die Frage, wer denn der Minister des Ehesacramentes sei, auf diesem Wege mit diesem Probirsteine untersucht werden wollte, würde man zur endlichen Erkenntniß der katholischen Wahrheit kommen? Wer die Literatur der berührten Frage kennt, der wird gewiß sogleich mit Nein antworten! —

Wohl hat man im Verlaufe von vier Jahrhunderten wegen des Dogmas der Dreieinigkeit und der Incarnation viele Concilien zusammen berufen: aber war man durch sie wirklich zu der Ueberzeugung von dem allgemein und seit jeher bestehenden Glauben gekommen oder war es nicht doch nur die directive Magisterial-Autorität des Papstes, die den Abschluß brachte? Nicht die offenbar gewordene allgemeine Uebereinstimmung in der Kirche brachte diesen Abschluß, denn, ich wiederhole es nochmals, nirgends waren alle Bischöfe der ganzen Kirche vereint beisammen und von jener Fraction, die zusammengekommen waren, stimmten nie alle in gleicher Ansicht; der Bischof von Rom aber, abgesehen von jenem ihm allein zukommenden Magisterium, würde im Vereine mit noch so vielen, aber doch nicht allen Bischöfen noch immer nicht dem Principe der Universalität genügen. Hält man aber jene Magisterialgewalt des Papstes im Auge, dann braucht es die Universalitäts-Probe nicht weiter. Durch die Zustimmung der übrigen Bischöfe wird die päpstliche Lehrgewalt nicht potencirt; sie beruht auf unmittelbar göttlichem Einfluß und benöthigt keiner menschlichen Stärkung. Verbürgt aber ist dieser unmittelbar göttliche Einfluß jedem katholischen Gemüthe durch jene für die Fortdauer der Kirche fortdauernd nothwendige Mission Petri mit den daran geknüpften Verheißungen, Versicherungen und Aufträgen. Darauf haben sich auch die Päpste jederzeit berufen und darum kann ihre Berufung auf den kirchlichen Consens, den sie durch Concilien zu bewerkstelligen suchen, nicht den Sinn, die Bedeutung haben, als sehen auch sie nur in der Universalität das rechte Erkenntnißprincip der Katholicität. Wendet man dagegen ein, daß, wenn schon das Eine Zeugniß der römischen Kirche hinreiche, für irgend eine Lehre die Verpflichtung der Hinnahme als einer von Gott geoffenbarten Wahrheit begründe, die Zeugnisse der anderen Kirchen überflüssig werden: so übersieht man den Unterschied zwischen dem Nothwendigen und Nützlichen. Nicht nothwendig ist einer päpstlichen Glaubensbestimmung das Zeugniß der

Bischöfe, gewiß aber liegt darin ein der gläubigen Annahme einer Glaubensbestimmung sehr zuträgliches Moment, wenigstens bei der großen Menge jener, die den theologisch sichern Unterschied zwischen kirchlichen Autoritäten vielleicht nie recht begriffen haben, vielleicht wenigstens im Drange ihrer Geschäfte übersehen und darum, wie im gemeinen Verkehre, auch auf kirchlich dogmatischem Gebiete lieber ein mehrfaches, womöglich rechtvielseitiges Zeugniß haben möchten. Ihnen allen geben die mehreren gleichen Stimmen auch mehr Beruhigung.

Einwürfe gegen die päpstliche Unfehlbarkeit aus dem Thun und Lassen der Päpste. Liberius.

27. Nächstdem habe ich die Einwürfe zu würdigen, die man aus dem Thun und Lassen der Päpste gegen die Lehre von der päpstlichen Unfehlbarkeit in Glaubenssachen vorgebracht hat. Es ist das ein schon frühe und oft versuchtes Manöver, von dem die Gegner dieser Lehre, so oft sie selbst oder ihre Vorläufer zurückgewiesen worden, immer wieder den entscheidenden Sieg, wenngleich bis jetzt vergebens, erwarteten [1]).

Zuerst ist es der Papst Liberius (352—366), gegen den sich die Opposition mit dem Vorwurf wendet, er habe die Sirmische Glaubensformel v. Jahre 357 unterschrieben und sich damit als Semi-Arianer („Homöer") einbekannt, wie er auch den großen Vertheidiger des Katholicismus gegen Arianische Häresis, Athanasius von Alexandrien excommunicirt und dessen Verbannung durch den arianischen Kaiser Constantius gebilligt habe. Allein so viel Beweis hat die Behauptung, Liberius habe diese (die II.) Sirmische Glaubensformel unterfertigt, noch gar nicht, daß man nicht mit vielen und sehr gelehrten Historikern annehmen könnte, er habe

---

[1]) Ballerini, l. c. cap. XV. §. 6. n. 22.

nur die Sirmische Formel v. J. 351 (die I.) unterzeichnet ¹). Diese I. Formel aber ist nicht sowohl positiv häretischen Inhaltes, als vielmehr deßhalb anrüchtig; weil sie die damals am meisten bestrittene Wesensgleichheit des Gottsohnes mit Gottvater ganz unberührt läßt — weßhalb sie zwar der gegen die Arianer stets und mit gutem Grunde mißtrauisch gebliebene Athanasius verwarf, Hilarius von Poitiers aber, wie wenig er auch Arianische Gedanken vertrug, unbedenklich hinnahm. Nach der fast herrschend gewordenen Meinung jedoch unterschrieb Liberius die II. Sirmische Formel im Unmuthe über die höchst erbärmliche Lage, in die er wegen seiner steten Opposition gegen alle widerkirchlichen Zumuthungen des Kaisers Constantius (seit 350 Alleinherrscher mit blutiger Politik) gekommen war. Constantius hatte im Mißbrauche seiner Herrscherhoheit den Papst Liberius, weil dieser sich der von der Arianer-Partei und ihrem kaiserlichen Protector beschlossenen Excommunication des Athanasius von Alexandrien beharrlich weigerte, in das unwirthliche Thracien verwiesen und nicht nur durch Hunger und andere Quälereien, sondern auch durch Todesdrohungen mürbe zu machen gesucht, ja an seiner Statt, als ob das so im Ressort seiner weltlichen Macht läge, einen anderen Papst einsetzen lassen. — Nun, daß Liberius unter diesen Bedrängnissen seiner Stellung und seines Lebens sich endlich herbeigelassen, einen Mann des Herrn der Wuth seiner Feinde zu opfern, ist eben so von menschlichem Standpuncte aus begreiflich, wie historisch gewiß. Daß er aber auch das offenbar heterodoxe Glaubensbekenntniß in der II. Sirmischen Formel unterschrieben, ist sehr schwer zu glauben ²). Nein, das konnte der erste Bischof der Kirche nicht thun, der eine so ruhmvolle Vergangenheit ob seiner festen Vertheidigung des katholischen Standpunctes für sich hatte; der im J. 356, unmittelbar

---

¹) Ballerini, l. c. c. XV. §. 8. n. 31.
²) Na, versteht sich, Janus glaubt es mit vollster Ueberzeugung. S. 72.

vor seiner Verbannung dem arianischen Kaiser mit einem Freimuthe widersprach, wie solchen nur der heilige Bischof Ignatius von Antiochien vor dem heidnischen Autokraten Trajan bewiesen hatte; für dessen Zurückberufung man von Rom aus bei dem kaiserlichen Despoten petitionirte und den man, als er ein Jahr darauf (358) aus der fernen Wüste zurückkehren durfte, unter Jubel des Volkes und mit apathischer Abwendung von dem Gegenpapste Felix aufnahm [1]); der durch seine erneuerte Thätigkeit im kirchlichen Sinne sogar das Vertrauen derer, die wegen seiner Nachgiebigkeit in der Verfolgung des großen Athanasius mißtrauischer geworden waren, bald wieder zu gewinnen wußte; der das Aergerniß, das er gegeben habe, nachher bitter bereute und mit keinem Worte je zu verstehen gab, daß er die nächstfolgenden Umtriebe der Arianischen Partei, insbesondere etwa der Bischöfe Ursacius von Singibinum (in Mösien) und Valens von Mursa (in Panonien) auf dem Concile von Ariminium (Rimini) im J. 359 irgend wie billige — nein, das konnte der Mann nicht gethan haben, der so viele Jahrhunderte im kirchlichen Martyrologium geführt wurde, bis ihn erst Benedict XIV. daraus wegließ. Der Umstand, daß darüber, ob Liberius die erste oder die zweite Formel von Sirmium unterschrieben habe, keine volle historische Gewißheit zu gewinnen ist, mag wohl den Papst des XVIII. Jahrhundertes veranlaßt haben, seinen sonst ruhmvollen Vorgänger strenger, als im Anschlusse an die mildere Meinung bis dahin geschehen war, zu beurtheilen. Auch der Anhänger der strengeren Ansicht, nach welcher Liberius die II. Sirmische Formel unterschrieben hat, sollte kein Aergerniß nehmen und die Musterbilder der Kirche alle ohne den geringsten Flecken finden.

---

[1]) S. noch Ballerini, l. c. cap. XV. §. 8. n. 30—32. Nach ihm habe Sct. Hieronym. in seinem Chronicon geschrieben: „Romam quasi victor intravit"; aber das weiß Janus besser: „Anathem dir, Liberius, riefen damals eifrig katholische Bischöfe, wie Hilarius von Poitiers."

28. Nächst Liberius ist es der Papst Vigilius (538 — Anfg. 558), bei dem die ungläubige Kritik in Beleuchtung der Lehre von der päpstlichen Unfehlbarkeit in Glaubenssachen besondere Schwierigkeiten findet. Der deutsche Coryphäus dieser Kritiker findet, daß „Vigilius im Drei=Capitelstreite, d. h. dem Streit über die für Nestorisch gehaltenen Schriften der drei Theologen Theodor, Theodoret und Ibas" nicht glücklich intervenirte, „indem er diese zuerst für rechtgläubig erklärte (546) dann ein Jahr darauf verdammte, dieses Urtheil aber aus Rücksicht auf die abendländischen Bischöfe (553) wieder zurücknahm und hiedurch in Conflict mit der fünften allgemeinen Synode gerieth, welche die Kirchengemeinschaft mit ihm aufhob. Er unterwarf sich zuletzt dem Urtheile des Concils mit der Erklärung, bisher leider ein Werkzeug des am Umsturze der Kirche arbeitenden Satans gewesen und so in Zwiespalt mit seinen Collegen, den Bischöfen der Synode gerathen zu sein, jetzt aber habe ihn Gott erleuchtet. So wider=spach sich Vigilius dreimal, zuerst bannte er die, welche die drei Capitel verdammten, d. h. die Schriften des Theodor, Theodoret und Ibas für irrgläubig hielten; dann bannte er die, welchen sie für orthodox galten, welche demnach so dachten, wie er selbst kurz zuvor gedacht hatte. Bald darauf verdammte er die Verdammung der drei Capitel und endlich siegten wieder Kaiser und Concil über den wankelmüthigen Papst" [1]). Nach diesen Schlußworten möchte man fast glauben, Janus sehe den Pivot der Rechtgläubig=keit im Kaiser und mache derselbe mit den von ihm zusammen=gebrachten Bischöfen ein allgemeines Concil. Diese Ansicht — vielleicht auch im Geiste der jetzt wieder theoretisch stark vor=schlagenden Staats=Allmacht — wäre eben so gewiß katholisch, als, wie sogleich erhellen soll, die historisch vorangestellte Darstellung wahr und genau ist!! Ja, wer so referirt, dem kann es an Partei=

---

[1]) Janus, S. 77.

gängern nicht fehlen: der Hergang der Sache aber ist eigentlich, wie folgt. Die den Frieden des Reiches gefährdenden Glaubenswirren, die besonders in Aegypten, Syrien und anderen Provinzen Asiens seit dem Concile von Chalcedon (451) hervorgetreten waren, machten dem Kaiser Justinian I. schwere Sorgen. Da meinte und erklärte voll griechischer Schlauheit ein in diese Wirren verflochtener, aber am Hofe des Kaisers wohlgelittener Bischof, Theodor Askidas von Cäsarea in Cappadocien, die dem Chalcedoner Concil abholde Partei würde sicher sich fügen, wenn nur Theodor, Bischof von Mopsueste und dessen Schriften voll Nestorischen Irrthums, die Schrift des Bischofs Theodoretus von Cyrus gegen den antinestorischen Patriarchen Cyrillus von Alexandrien und ein Brief des Bischofs Ibas von Edessa an den persischen Bischof Maris, worin des Theodors von Mopsueste (Lehrers des Nestorius und so wahrscheinlich der eigentliche Häresiarch) rühmlichst gedacht werde, verdammt würden. Der Hofbischof Theodor Askidas meinte durch die vom Kaiser nach dessen bekanntem Streben um Ausdehnung seiner Herrschaft auch auf kirchlichem Gebiete leicht zu erlangende Ausführung seines Rathes nicht nur dem ihm persönlich verhaßten Bischof Mennas von Constantinopel sammt dem päpstlichen Legaten Pelagius, sondern auch dem Concile von Chalcedon einen bedeutenden Schlag zu versetzen und so an seinen Parteigegnern Rache zu nehmen; an die Vereinigung der Akephaler mit der kathol. Kirche mochte er selbst wohl schwerlich glauben. Der Bischof Mennas und der Legat Pelagius waren treue Anhänger des Conciles von Chalcedon und dem monophysitisch gesinnten Askidas nicht nur darum, sondern noch aus dem Grunde verhaßt, weil sie die Veranlassung eines von Kaiser Justinian gegen Origines und viele seiner Behauptungen 541 ergangenen Verdammungsedictes waren, das bei Strafe kaiserlicher Ungnade alle Bischöfe, also auch Theodor Askidas trotz seiner begeisterten Anhänglichkeit an Origenes zu unterschreiben hatten. Gegen den

Bischof Theodor von Mopsueste und seine berüchtigten Schriften war weder zu Ephesus im J. 431 noch zu Chalcedon 451 etwas verfügt worden; eben so wenig gegen Theodoretus und Jbas und deren anrüchtige Schriften auf dem Concile van Ephesus, dagegen hatte man sich auf dem Concile von Chalcedon zwar in eine Notiz hinsichtlich jener Schriften Theodorets und Jbas eingelassen, sich aber auch damit begnügt, daß diese zwei Bischöfe den Nestorius und seine Irrthümer verdammten und sich so in die vollste Anerkennung kirchlicher Gemeinschaft brachten[1]).

Wirklich ging Justinian, jedoch mit ausdrücklicher Achtung vor dem Conc. Chalcedonense, auf den schlimmen Rath ein; im J. 544 wurde ein demselben entsprechendes Edict ausgefertigt, das alle Bischöfe, wollten sie nicht davongejagt werden, zu unterfertigen hatten. Wie viele dies wirklich thaten, wie viele sich im bessern Bewußtsein ihrer kirchlichen Stellung weigerten, wir wissen es nicht, Lärm aber machte die kaiserliche Forderung, wenigstens im Occidente, wo man ungeachtet der Anathem-Drohung im kaiserlichen Edicte gegen Alle, welche das Concil von Chalcedon verwerfen würden, die Autorität dieses Concils beeinträchtigt wähnte und wo der höhere Clerus an der Incompetenz des Hierarchie spielenden Kaisers Anstoß nahm. Unter Anderem schrieb der Bischof Facundus von Hermian ein Africa: „Vel si rectum fuisset, recte non fieret, quia nulli regum hinc aliquid agere, sed solis est sacerdotibus datum. Begreiflich fanden sich auch Viele, aus zehnerlei Gründen, welche das kaiserliche Gebot hoch hielten, denn hoffnungsreiche Cäsaropapisten gab es auch schon unter Justinans glorreicher Regierung in Menge. Da die Aufregung fast stündlich zunahm und sogar der vom Hof so begünstigte Bischof von Rom,

---

[1]) Daß diese Anerkennung der Katholicität der Bischöfe Theodoret und Jbas ohne Verurtheilung ihrer angegebenen Schriften geschah, das schien eine Nachlässigkeit, die, wenn sie gerügt würde, das Concil von Chalcedon herabsetzen, vielleicht gar irriger Ansichten zeihen müßte. So dachte Askidas.

Vigilius, unwillig und schwierig zu werden anfing, suchte der in Verlegenheit gerathene Kaiser den Papst Vigilius nach Constantinopel zu bringen, um ihn umzustimmen. Das gelang wirklich den Bitten und Vorstellungen der Kaiserin Theodora; es erschien das „Judicatum", in welchem auch der Papst den Bischof Theodor von Mopsuestia (der aber schon im J. 428 gestorben war) als häretisch verurtheilte, so wie seine Schriften und die Schrift des Bischofs Theodoretus gegen Cyrillus, nebst dem Briefe des Bischofs Jbas als glaubenswidrig verdammte, jedoch ausdrücklich erklärte, mit diesem Urtheile dem Concile von Chalcedon nicht abträgig werden zu wollen. Also wollte der Papst, was der Kaiser wollte und darum — wandte sich die Gährung auch gegen Vigilius. Was sollte geschehen? Vigilius zog sein Judicatum zurück und meinte, es sei am gerathensten, ein allgemeines Concil darüber entscheiden zu lassen. Der Kaiser ging darauf ein und sollte bis dahin nichts verfügt werden. Doch Justinian konnte es nicht erwarten, auf der einberufenen Kirchenversammlung neue Triumphe seiner theologischen Wissenschaft und staatlichen Omnipotenz zu feiern: im J. 551 ließ er an allen Kirchen und öffentlichen Plätzen Constantinopels ein zweites Edict, gleichen Inhaltes mit dem ersten, anschlagen. Dagegen ließ Vigilius ein mit dem Anathem sanctionirtes Verbot ergehen und bat sehr inständig den Kaiser, sein Edict zurückzunehmen — der Erfolg bestand in einer Reihe persönlicher Beleidigungen und polizeilicher Maßnahmen, gegen die der Papst sogar im kirchlichen Asyle sehr geringen Schutz finden konnte[1].

---

[1] Justinian wollte durch seine Soldaten den Papst aus der Kirche herausholen; dieser aber umklammerte so fest eine Altarsäule im Widerstande gegen die ihn zerrenden Häscher, daß diese zusammenfiel. Da verjagte das zusammengelaufene Volk die gehorsam wilden Gesellen, Vigilius aber verließ die Kirche erst, nachdem ihm der Kaiser durch feierlichen Eid Leben und Sicherheit garantirt hatte. Und doch mußte er gegen die steten Auflauereien und Chicanen bald wieder das kirchliche Asyl in Anspruch nehmen! Vergl. **Baronius** ad a. 351.

Endlich hatte Justinian durch fortgesetztes Bemühen um die Zustandebringung eines Conciles eine ziemliche Anzahl meist orientalischer, ihm völlig ergebener Bischöfe zusammengebracht; es wurde durch weltliche Beamte und einige Bischöfe dem Papste bedeutet, er habe sich mit dem Concil zu vereinigen und die drei Capitel, falls sie gottlos erscheinen, zu verdammen oder wenn er sie recht erachte, seine Meinung offen darüber auszusprechen. Vorher schon hatte Justinian dem Papste über diese s. g. drei Capitel eine eigene Abhandlung eingeschickt und noch vor dem Zusammentritt der Bischöfe in die Verhandlung die Entscheidung darüber verlangt. Kränklichkeit vorschützend, hatte Vigilius um 20 Tage Frist gebeten, wahrscheinlich, um die Ankunft mehrerer occidentalischer Bischöfe abzuwarten. Aber Justinian wie seine orientalischen Bischöfe waren bereits müde und so erließ der Erstere ein Schreiben an die Letzteren, in welchem er sie unter salbungsvoller Ermahnung und schroffer Hinweisung auf seine eigene früheren Concilienschlüssen conforme Ansicht und die Aeußerungen des Papstes zur Verhandlung aufforderte. Die Bischöfe wandten sich in einer ehrfurchtsvollen Deputation an den Papst und baten um Theilnahme an den Verhandlungen. Vigilius aber erschien weder selbst noch in Vertretung und so führte der an des verstorbenen Menna's Stelle gekommene gut katholische Bischof Eutychius von Constantinopel den Vorsitz. Indeß waren jene 20 Tage, die sich der Papst zur Erklärung auf des Kaisers theologisch-legislative Abhandlung erbeten hatte, vorüber und Vigilius schickte sein „Constitutum" ein. Darin wird zwar Viel gegen die Irrthümer des Bischofs Theodor von Mopsueste in dessen Schriften gesprochen, er selbst aber, da bereits der höchste Richter über ihn geurtheilt habe, als einem kirchlichen Gerichte nicht weiter unterwürfig angesehen. Die Schriften der beiden anderen Bischöfe enthalten zwar auch Irrthümer, sie könnten aber doch bei den bereits offen ausgesprochenen katholischen Gesinnungen ihrer Verfasser Theodoretus und Ibas, ohne daß das Concil von Chalcedon compromittirt wird, den Nestorianischen Ketzerschriften nicht gleich gestellt werden. Dies sei, sagt der Papst, sein letztes Wort und habe Niemand, welchen Ranges in der Kirche er sein möge, etwas dieser Entscheidung Widersprechendes zu behaupten oder ein anderes Urtheil zu erlassen. — Dieses Ultimatum kam nun freilich dem Kaiser sehr unerwartet, sehr ungelegen. Zornig darüber theilte er nur obenhin den Bischöfen in der VII. Sitzung den Inhalt des „Constitutum" mit, trug aber alsbald in einem eigenhändigen Schreiben dem Quästor auf, er brech mit dem Papste Vigilius, der eidbrüchig geworden, da er ihm doch bei der Verdammung der drei Capitel bleiben zu wollen eidlich zugesagt habe, die Gemeinschaft ab, jedoch deßhalb noch nicht mit dem päpstlichen Stuhle selbst[1]). Die bischöfliche Versammlung auch ließ sich in ihrem Vorhaben nicht stören und machte ihr Enderkenntniß ganz nach Justinians Initiative. Begreiflich weigerte sich der Papst der verlangten Confirmation und wanderte eben so begreiflich ins kaiserlich bestimmte Exil. Erst in einem zweiten „Constitutum" vom 23. Februar 554 trat er unter Angabe zureichender Gründe dem bischöflichen Beschlusse bei[2]) und erhob damit denselben zu einem ökumenischen Concilbeschluß[3]).

29. Nach dieser quellenmäßigen Darstellung des Sachverhaltes mit dem berüchtigten Drei=Capitel=Streite zeigt es sich wohl doch jedem, der sehen will, deutlich genug, daß der vielbesprochene Wankelmuth des Papstes Vigilius nicht um einen Glaubenssatz, sondern um die Frage ob der Opportunität kirchlich richterämtlichen Einschreitens gegen die Person eines bereits Verstorbenen

---

[1]) Vergl. indeß Ballerini, l. c. cap. XIV. §. 5. n. 25 Note 1, (er sieht da eine unterschobene Urkunde Justinian's).

[2]) S. dasselbe, wie es Baluzi aufgefunden, bei Mansi, Concil. T. IX. coll. 457 seq. „Constitutum Vigilii pro damnatione trium capitulorum.

[3]) Pelagii II. epist. ad Eliam Aquilej. et alios Istriae episcopos. dann mehrere Briefe Gregorii I. im I., II., III., V. u. VII. lib.

und gegen gewisse häretisch inficirte Schriften zweier bereits auf dem Concile von Chalcedon als vollrechtgläubig anerkannter Bischöfe oscillirt hat. Im Judicatum, wie im Constitutum I. hatte Vigilius das nestorisch-häretische Element, das in den drei Capiteln vorlag, erkannt und verworfen, wie denn auch noch die bischöfliche Versammlung v. J. 553 in der letzten (VIII.) Sitzung ausdrücklich hervorhob, Vigilius habe öfters, mündlich und schriftlich die drei Capitel verdammt. Dagegen ging er betreffs der Anathematisirung ganz unbedingt mit Justinian durch Dick und Dünn, statt — denselben, wie man wohl vielseitig erwartet haben möchte, mit Ernst und Würde von seinem Einfalle ins Kirchliche zurückzuweisen. Die bösen Folgen, die dies für seine, gegenseitiges Vertrauen heischende Stellung im Clerus und Volk hatte, suchte er damit aufzuheben, daß er sich der herrschenden Ansicht des Clerus, mit der kaiserlichen Verfügung werde der Autorität des chalcedonischen Concils zu nahe getreten, zuwandte, einen Menschen, der bereits vor Gottes Richterstuhle gestanden, nicht erst noch hinterher dem kirchlichen Richter unterstellen lassen wollte und sich in Absicht auf gewisse anrüchtige Schriften nach der erprobten Rechtgläubigkeit ihrer Verfasser derselben Mäßigung zu befleißen suchte, die aus gleichem Grunde ohne alle thatsächliche Glaubensstörung das Chalcedoner Concil bewiesen hatte. Der Versuch mißlang und Vigilius selbst büßte schwer genug dafür, daß er nicht sogleich noch vor Zurücknahme seines Judicatum an die Spitze der kirchlichen Action sich stellte und durch kluge Leitung des beschlossenen Concils eine Formel zu finden bemüht war, die einerseits den bösen Schein, der gegen das Concil von Chalcedon beabsichtigten Schlappe fortbringen und andererseits das päpstliche Judicatum salviren konnte. Denn so wenig man die päpstlichen Motive zu seinem ersten „Constitutum" mißbilligen, die darin geführte bewußtseinvolle Sprache aber nur loben kann, so gute Gründe hatte jedoch Vigilius später erlangt, seine Meinung in dieser nur die

Anwendung kirchlicher Jurisdiction betreffenden Sache zu alteriren und zu seinem Judicatum zurückzugehen. Dies mag der Vorwurf eines Mangels an Charakterlosigkeit, der dem Papste Vigilius gemacht wird, allerdings verstärken; ich meine aber, einen erkannten Irrthum zu verlassen, bringe keine Schande, nur muß ich bedauern, daß Vigilius nicht in die Concilienverhandlungen gegangen ist, in denen er Gelegenheit gefunden hätte, den wahren Stand der Sache genau kennen zu lernen, wodurch er sich beide Constitute ersparen konnte. — Darnach sind die Eingangs dieses Abschnittes anbezogenen feindseligen Angaben, Vigilius habe die Schriften der drei genannten Bischöfe zuerst für rechtgläubig erklärt, er habe sich zuletzt dem Urtheile des Concils unterworfen u. s. w. leicht zu berichtigen; es wird daraus aber auch begreiflich, wie einseitig, vielleicht nur durch mönchisches Hörensagen der berühmte aus Irland gekommene Ordensstifter Columbanus von dem Drei-Capitel-Streite unterrichtet sein mochte, wenn er zu Papst Bonifacius III. (oder IV.) sagen konnte: „Vigila, Pater vigila, quia forte non bene vigilavit Vigilius, quem caput scandali illi clamant. — Dolendum est enim et flendum, si in sede apostolica fides catholica non tenetur. — Jam vestra culpa est, si vos deviastis de vestra fiducia et primam fidem irritam fecistis. Merito vestri juniores vobis resistunt et merito vobiscum non communicant, donec memoria perditorum deleatur." Und wenn Vigilius sich immer fest im Glauben bewährt hat, wie kann dennoch derselbe Gelehrte [1]), dem ich das grund- und trostlose Zeugniß Columbans nachschreibe, auch sagen: Damals hat es sich gezeigt, wie die lateinische Kirche, obwohl sie von dem römischen Stuhl, als dem ersten auf dem ganzen Erdkreis, der auch das Patriarchalrecht im Occidente gewonnen und die einzige unmittelbar apostolische Cathedral-Stiftung bei den Lateinern ist, es doch

---

[1]) Observat. quaedam etc. p. 31. seq.

nicht für ganz unmöglich angesehen hat, daß der Nachfolger des heil. Petrus etwas dem rechten Glauben Verderbliches anordne?" Wenn, wie die gelehrte Abhandlung (doch wohl zum Beweise dieser Behauptung) hervorhebt, sich alsbald die Kirchenvorstände der weitläufigen Provinzen von Mailand und Aquileja und die Bischöfe von Tuscien aus leidigem Wahne, durch die Beschlüsse des letzten Conciles würde die Autorität des vorletzten (von Chalcedon) leiden, von der Gemeinschaft des römischen Stuhles lossagten, so war es ja doch nicht der Mangel an Glaubenstreue des Papstes Vigilius, was sie zu diesem Schritte bewog ¹)! Wie aber sollte aus diesem vom Wahne motivirten Benehmen einiger Bischöfe in Italien und Istrien der Beweis resultiren, die lateinische Kirche habe damals ersehen lassen, sie finde in den päpstlichen Glaubensbestimmungen keinen Abschluß in Glaubenssachen, halte jedoch mit höchster Achtung (!) an der römischen Kirche? Der nächste Papst nach Vigilius konnte sogleich die Symptome dieser Achtung bei den Secessionsbischöfen bemerken; mit ihrem conciliabulen Fluche beladen sah er sich sogar genöthigt, zu seinem Schutze die weltliche Macht in Anspruch zu nehmen ²)!

30. Noch bedeutungsvolleres Materiale für die Negation der päpstlichen Unfehlbarkeit in Glaubensbestimmungen wollen die Gegner in einer ihrer Ansicht nach ganz unverkennbar härefischen und doch papstämtlichen Erklärung des römischen Bischofes Honorius I. an den Bischof Sergius von Constantinopel gefunden haben. Dieser Bischof war ein Monothelit, b. h. er glaubte nur an Einen Willen und Eine Willensthätigkeit bei Christus und war eifrig bemüht, dieser Ansicht Anhang, allgemeine Aufnahme zu verschaffen. Kaiser Heraclius war dafür leicht gewonnen, indem man ihm die Versicherung gab, durch die Annahme dieser Lehre

---

¹) Zog sich doch dieser Wahn um den Concilbeschluß selbst!

²) Pelagii I. ad Narset. epist. II—V. (Mansi, Conc. IX. coll. 712 seq.) Baronius, a. 555.

seitens der Katholiken wie der Monophysiten würde die Vereinigung dieser beiden Glaubensparteien vermittelt. In dieser Hoffnung hatte er auch den Bischof Cyrus von Phasien, seinen treuen Begleiter in den Feldzügen gegen Persien, aber sehr eifrigen Monotheliten, auf den Patriarchenstuhl von Alexandrien befördern geholfen. Hier hatte Cyrus alsbald mit den Theodosianern (einer Abtheilung der eben in Aegypten sehr zahlreichen Monophysiten) auf eine dem Monothelismus huldigende Glaubensformel im J. 630 eine Vereinigung abgeschlossen, hatte aber bei einem über die projectirte Formel zu Rathe gezogenen, in Aegypten sehr geachteten Mönch Sophronius Bedenken erregt.

Wirklich ist der Monothelismus nichts als eine vielleicht minder auffällige Form des Monophysismus, da der göttliche Wille doch eben so gewiß im göttlichen Wesen liegt, wie der menschliche Wille ein Attribut des gesunden menschlichen Organismus ist. Darum wandte sich Sophronius (wohl in Folge einer Weisung des Concils von Chalcedon[1]), da ihm die zwischen Cyrus und Sergius eingeleitete Intrigue unbekannt war, an den letzteren mit besorgnißvoller Vorstellung über das in Aegypten sich Vorbildende. Sergius achtete begreiflich darauf nicht, als aber bald nachher derselbe Sophronius auf den Patriarchenstuhl von Jerusalem gekommen war, kam über Sergius die Furcht, von Jerusalem würden der Durchführung der Glaubensneuerung hierarchische Schwierigkeiten entgegen gesetzt werden; er suchte sich deßhalb im Vorhinein des Papstes zu versichern, indem er demselben einen Bericht über die ganze Angelegenheit erstattete und darin gegen Sophronius (der neue Redensarten einführen und Streit anzuregen suche) aber für Cyrus (der einen so glänzenden Erfolg in der Wiedervereinigung der Monophysiten seiner großen Diöcese errungen habe) einzunehmen bemüht war. Die List des Griechen

---

[1] Actia XV. c. 9.

gelang; der Papst Honorius nahm die Sache nicht nach ihrer ganzen Bedeutung auf und erklärte sogar in einem eingehenden Antwortschreiben an Sergius: „Wir bekennen Einen Willen unseres Herrn Jesus Christus. Das eben ist der schwarze Punct, auf den die Gegner hinweisen; Papst Honorius habe sich damit als Monothelit oder — Monophysit bekannt[1]).

Ja gewiß, der Schein steht gegen Honorius, um so stärker, als er noch in zwei anderen Briefen, einem an Sergius und einem an Cyrus monothelitischen Gedanken nachzuhängen scheint. Doch der Schein trügt bisweilen, und mit vielen Anderen meine ich, daß dies auch hier der Fall sei. Wohl hatte Christus zwei Naturen, die göttliche und die menschliche, also gewiß auch zwei Willen, den göttlichen und einen menschlichen: der letztere aber schloß sich so völlig an den ersteren an, daß die Wirkung, die von beiden ausging, als in ihrer Ursache vollkommen einheitliche erscheint, wie man doch auch an mehreren Menschen, die in gleicher Absicht handeln und dieselben Mittel dafür im Sinne haben, zu sagen pflegt, daß sie Eines (nämlich völlig einigen) Willens sind. Wollte mit seinem: „Wir bekennen Einen Willen unseres Herrn Jesus Christus." der Papst Honorius nur die vollständige Concordanz der beiden Willen in Christo bezeichnen, so hat er nichts dem katholischen Lehrbegriffe Widersprechendes gelehrt, und — er wollte nur dies sagen! Dies ergibt sich vorweg aus dem für das ärgernißvoll gewordene Bekenntniß angegebene Motiv, daß ja doch Christus nur die menschliche Natur, wie sie vor dem Sündenfalle, nicht die durch denselben verderbte angenommen. Nun, daß das erste Menschenpaar auch schon vor seinem Sündenfalle einen menschlichen Willen hatte, das mußte doch wohl Honorius wissen. Der menschgewordene Sohn Gottes hatte also auch einen menschlichen

---

[1]) S. hier vornehmlich die tiefer eingehenden Observat. quaed. p. 34—50. Die Schreiben des Papstes Honorius s. bei Mansi, Conc. coll. 537. seq.

Willen, das mußte Honorius begreifen und die Annahme, er habe es dennoch nicht begriffen, kann ich, um ihn nicht aller Schluß- fähigkeit baar ansehen zu müssen, nur mit Unwillen fortweisen[1]). Daß aber der menschliche Wille in Christus mit seinem göttlichen in vollster Harmonie und insofern mit demselben eins gewesen, soll aus der Hinweisung auf den Unterschied zwischen der verderb- ten und der unverderbten Natur hervorgehen oder — begreiflicher werden. Mit der menschlichen Natur, wie solche vor der Corrup- tion gewesen, hatte freilich auch der menschgewordene Gottessohn ein Verlangen nach sinnlichem Wohlsein angenommen, wie es bei dem ersten Aelternpaar bestanden und leider ihren Ungehorsam veranlaßt hat; aber jene Geneigtheit zur Sünde, jene drängende Begierlichkeit, die der Apostel sogar das G e s e tz in seinem Fleische nennt, war bei Christus nicht, wie sie doch bei anderen Menschen waltet. Das ist es, was Honorius sagen will, wenn er die Ueber- einstimmung des menschlichen Willens in Christus mit seinem göttlichen daraus begreiflicher machen will, daß Christus, wie er sich ausdrückt, „super legem natus est humanae conditionis." In dieser Hinweisung des Papstes Honorius die Prämisse für die Behauptung eines seiner Wahrheit nach einzigen Willens sehen, möchte doch Manchem als Weitsichtigkeit vorkommen. Zwei Natu- ren anerkennt Honorius ganz ausdrücklich, wenn er den zwei in Opposition gegen einander gerathenen Oberbischöfen Cyrus von Alexandrien und Sophronius von Jerusalem schreibt, sie sollen mit Abschaffung der neuen Bezeichnung Einer oder zweifacher Wirksamkeit mit ihm Einen Herrn Christus, der in beiden Natu- ren Göttliches oder Menschliches wirke, verkündigen." In dieser Mahnung spricht sich Honorius eben so unumwunden für die b e i d e n Naturen in Christus mit allen ihren Attributen, wie für die Personen-Einheit in Christus aus. Ein Christus mit zwei ganz

---

[1]) Das wäre denn doch ein „non intelligere, quod omnes intelligunt.

harmonisch zu einander auf denselben Zweck gerichteten Willen ist wirksam geworden: von einer zweifachen Wirksamkeit wegen der zweifachen Natur Christi soll aber so wenig gesprochen werden, wie von Einer Wirksamkeit, weil bei Schwachgläubigen jenes den Verdacht des Nestorianismus, dieses den Verdacht des Euthychianismus rege machen könnte. — Noch viel deutlicher spricht für meine angegebene Auffassung des Honorischen „unam voluntatem confitemur etc." eine Stelle im zweiten Briefe dieses Papstes an Sergius, die ich lieber im lateinischen Texte selber aufführen will: Quantum ad dogma ecclesiasticum pertinet, utrasque naturas in uno Christo unitate naturali copulatas cum alterius communione operantes atque operatrices confiteri debemus et divinam quidem, quae Dei sunt, operantem, et humanam, quae carnis sunt exequentem, non divise, non confuse et inconvertibiliter propria operari. Daß damit der menschlichen Willensthätigkeit volle Rücksicht getragen, sohin neben dem göttlichen Willen in Christus auch ein menschlicher anerkannt wird, wer könnte daran zweifeln und doch Latein verstehen wollen?

31. Die Zeitgenossen des Papstes Honorius mochten wohl doch seine Erklärungen in der Angelegenheit, von der eben gehandelt worden ist, in so abträgiger Weise, wie schon gleich ein halbes Jahrhundert später geschah, nicht aufgefaßt haben. Acht Päpste, die hinter Honorius in das Pontificat kamen, ließen gegen diese Erklärungen, so gewiß ihnen solche auch bekannt waren, nichts verlauten. Erst unter dem neunten, Agatho, unter dem ein allgemeines Concil über die Lehren der Monotheliten entscheiden sollte, lenkte sich die Aufmerksamkeit der Bischöfe auch auf die Honorisch=Sergische Correspondenz und wurde in der dreizehnten Sitzung (28. März 681) erklärt, das Concil „weise den weiland römischen Bischof Honorius aus der Kirche, weil es nach Durchforschung seiner Correspondenz mit dem Bischofe Sergius von Constantinopel gefunden habe, daß er in Allem dem Sinne des Letztern gefolgt

ift und gottlose Dogmen confirmirt hat." Dies bestätigte auch Agatho's († 682) Nachfolger, Leo II., in einem Schreiben an den Kaiser Constantinus Pogonatus. Leider ist von diesem Schreiben nur noch die griechische Version vorhanden und davon Rückübersetzungen in's Lateinische. Richtiger als die gewöhnlich angenommene scheint eine andere zu sein, nach welcher die Verurtheilung des Honorius deshalb confirmirt wird, „weil derselbe die apostolische Kirche, statt sie mit der Lehre der apostolischen Tradition zu erleuchten, durch profane Tradition beflecken ließ"¹). In diesem Sinne also nur ist das auf Concilbeschluß gegründete Urtheil aufzufassen, wie denn auch dieses Urtheil den Papst Honorius nirgends — Häretiker nennt und als solchen condemnirt. Somit wurde er nur verurtheilt, weil er schuldbar irrige Glaubensansichten nicht sofort unterdrückte, sondern tiefe Wurzeln schlagen ließ. Dahin auch sprechen sich zwei andere Briefe Leo's II., einer an die Bischöfe, der andere an den König von Spanien aus; in diesem Sinne ist auch die Glaubensformel für den antretenden Papst im „Liber diurnus" gefaßt²).

So viel für die Rechtgläubigkeit des verlästerten Papstes Honorius I. Fragen darf man dabei, ob denn die hohe bischöfliche Versammlung in ihrer kritischen Untersuchung der Honorischen

---

¹) S. d. Note 2 in Ballerini diss. de potest. summ. pontif. et concilior. generalium c. V. §. 1. n. 5. Im Texte selbst, der zu dieser Note gehörig, heißt es: „Ita Honorius damnatus, quia sua minus recta oecumenica (soll heißen oeconomica) dispensatione, de qua diximus antecedenti opere (näml. de vi et ratione primatus c. XVI. §. 9. n. 35) Monotheletarum haeresi favisse judicatus est, non eam quidem approbando, sed expressam condemnationem omittendo, licet ob implexas tunc circumstantias facti ita bona fide omisisse videatur, ut coram Deo a culpa saltem gravi excusari potuerit."

²) S. dieselben bei Ballerini de vi et rat. primatus c. XV. §. 9. n. 35 und wieder in den Observat. quaed. p. 47. Das aus dem Brevier v. J. 1520 darf wohl mit Stillschweigen — wie so manches Historische, das da vorkömmt, aufgenommen werden!

Correspondenz gar keinen Anhaltspunct finden konnte, auch Honorius habe nur den echten katholischen Glauben gehabt? Und wenn dies, unbegreiflich genug! der Fall war, mußte es mit seinem condemnatorischen Urtheile einen so fürchterlichen Schlag gegen die Magisterialgewalt des Kirchenhauptes führen? Mit demselben war alsbald für jede neu aufkeimende Häresis der Zweifel an der objectiven Richtigkeit der päpstlichen Zurechtweisung freigegeben und dieser Zweifel darf sich bis zur Entscheidung eines allgemeinen Concils, das aber selbst wieder leicht allerlei Zweifeln unterzogen werden kann, für berechtigt halten. Das liegt so nahe, so offen vor, daß man nicht begreifen mag, wie es damals schon und leider noch jetzt übersehen werden kann. Unter diesem Gesichtspuncte möchte man sich veranlaßt finden, die Vorfrage um die Echtheit der Concilienacten zu stellen und dann erst noch über die Competenz des Conciles, über Honorius zu urtheilen, nachzudenken. Die erstere Untersuchung will ich hier nicht wieder anregen, die gemeine Meinung nimmt die conciliare Verurtheilung des Papstes Honorius als wirklich geschehen an und so sei selbe auch hier angenommen. Dagegen finde ich die Competenzfrage, kirchenrechtlichen Grundsätzen gegenüber, verneinend beantworten zu sollen. Gebührt nämlich dem Bischofe von Rom, als Nachfolger im letzten Episcopate des Apostels Petrus, die dem letzteren von Christus verliehene Kirchengewalt und somit auch die höchste kirchliche Jurisdiction, so ergibt sich von selbst, daß seine kirchliche Administrativ-Functionen keinem kirchlichen Gerichte unterstehen können. Der Tod beendigt zwar auch die päpstliche Gewalt seines Opfers; aber der nachfolgende Papst hat kein Recht gegen Seinesgleichen [1]), weder allein noch im Vereine mit einer bischöflichen Versammlung, die denn doch nur auf päpstliche Auctorität, nicht in Folge selbstberechtigter Stellung einschreiten kann. Honorius war längst todt, als er offenbaren

---

[1]) c. 20. §. 2. X. de elect.

Häretikern zur Seite gestellt und mit diesen excommunicirt wurde. Die Strafe der Excommunication findet aber doch gerade in ihrer Wesenheit, als eine kirchliche Censur gegen Verstorbene nicht mehr statt. Lag nicht schon darin Grund genug, es bei der objectiven Verurtheilung des Monothelismus bewenden zu lassen? Aber Honorius wurde, sogar ohne Vertheidiger, verurtheilt! Doch abgesehen von allen kritischen Bemerkungen gegen die Wirklichkeit, Gerechtigkeit und Opportunität der conciliaren Verurtheilung des Papstes Honorius I., folgt denn aus derselben etwas gegen die Unfehlbarkeit des Papstes? Ganz und gar nichts, wenn man nach der päpstlichen Confirmation ihn nur wegen Pflichtversäumniß gelegentlich einer neu aufkeimenden Häresis verurtheilt sieht; denn nicht Zeugniß gebend für den Irrthum als einer angeblich katholischen Lehre war er aufgetreten, nur nicht verhütet hat er, daß der Irrthum Wurzeln schlug und um sich griff. Wurde ihm aber dies als strafbar angerechnet, so setzte man ja doch eben voraus, daß ihm der Irrthum, ungeachtet derselbe damals noch nicht kirchlichformell markirt war, bekannt sein mußte, er also — über die entgegenstehende katholische Wahrheit nicht im Irrthum war. Wo wäre da ein Beweis gegen die päpstliche Infallibilität in Glaubenssachen? Schließt man nicht vielmehr das Gegentheil daraus?

Irrthümer der Päpste hinsichtlich des Sacramentes der Weihe.

32. Begreiflich suchen die Gegner der eben wieder betonten Infallibilität noch Mancherlei aus geschichtlichen Aufzeichnungen hervor, was ihrem hartnäckigen Widerspruche zugute kommen soll. Da müssen, sagen sie, einige Päpste wohl doch unrichtige Vorstellung vom Sacramente der Weihe, zumal vom Minister desselben gehabt haben, weil sie bereits empfangene Weihen an denselben

Personen, die solche schon hatten, wiederholen ließen¹). Angenommen, alle Fälle, die man bei diesem Vorwurfe im Auge hat, betreffen sacrilege Administrationen des Weihe-Sacramentes; so sind es allerdings traurige Erscheinungen in der Kirche, aber sie geben kein Argument gegen die päpstliche Unfehlbarkeit in Glaubensbestimmungen. Einmal müssen sie doch eben nicht aus irrigen Ansichten vom Wesen des Weihe-Sacramentes hervorgegangen sein, sondern können ihre Ursache in Parteigeist, Haß, Rachsucht und dergleichen Leidenschaften haben²). Dann aber äußert sich das kirchliche Magisterium nicht in den Handlungen der Päpste, aus denen die Gläubigen sich etwa erst durch Abstraction ihre Lehrsätze selbst bilden müßten. Leider haben manche Päpste nicht blos im verschrieenen X. Jahrhunderte, sondern auch früher und später Manches gethan, womit sie Gläubige und Ungläubige geärgert und die Nachwelt noch jetzt ärgern. Sie haben ihren Richter bereits gefunden, der katholischen Welt aber gilt die Mahnung des Herrn an seinen damals noch jüdischen Anhang: „Auf Mosis Stühlen sitzen die Schriftgelehrten und Pharisäer; Alles nun, was sie euch sagen, daß ihr es halten sollet, das haltet und thut es; nach ihren Werken aber sollt ihr nicht handeln"³). Niemals noch hat es ein Papst als katholische Lehre verkündigt, daß eine giltig empfangene Weihe vernichtet oder repetirt werden könne: hat einer oder der andere etwas Gegentheiliges gethan, so trifft ihn die persönliche Verantwortung. Wie oft aber mag es blos Unkenntniß der Sachlage sein, die den Vorwurf vorbringt! Die neueste mir eben vorliegende Zusammenstellung solcher päpstlicher Verirrun-

---

¹) S. die schon öfter citirten „Observationes quaedam etc." p. 51—54. Janus, S. 54. seq.

²) Welch' traurigen aber sehr scharfen Beweis dafür liefert Stephanus VII. (896) in seinem empörenden Benehmen gegen die Leiche des am Ostertage des angegeb. Jahres verstorbenen Papstes Formosus und die von demselben Ordinirten!

³) Matth. XXIII, 3.

gen hinsichtlich des Weihe-Sacramentes zeigt gewiß von historischer Gelehrsamkeit, aber eben so gewiß nicht von jenem Grade mäßiger Zurückhaltung im Urtheile, die man so großen Männern, wie Stephanus IV. (III.), Nicolaus I., Leo IX., Gregor VII., Urban II. schuldig sein möchte. Wenn der erste der eben genannten Päpste, unter großem bischöflichem Beirathe im J. 769 die vom Pseudo-Papst Constantinus während seiner dreizehnmonatlichen Usurpation des römischen Bisthums consecrirten Bischöfe nur in der Priester- und Diaconatsweihe, die sie bereits früher erlangt hatten, anerkennen wollte, so mochte wohl die Untersuchung ergeben haben, daß jene eilfertige Ertheilung der kirchlichen Weihen an den Laien, der nur durch die Pression seines herzoglichen Bruders auf den päpstlichen Thron gebracht worden war, ungeachtet der Intervention dreier Cardinäle doch begründete Zweifel an der Giltigkeit der Weihen übrig ließ. So viel muß man einem Papste zutrauen, von dem sein Biograph rühmt, er habe sich genau nach der kirchlichen Erblehre gehalten und manchen alten guten Gebrauch wieder hergestellt. War jedoch die bischöfliche Weihe des Pseudo-Papstes Constantin zweifelhaft, so waren es selbstverständlich auch die von ihm ertheilten Weihen und so heißt es dann bezüglich der Reordination: „non intelligitur iteratum quod ambigitur esse factum"[1]). In sehr ähnlicher Weise erklären sich die Aeußerungen der Päpste Nicolaus I. und Hadrian II. über die von Photius ertheilten Weihen. Photius war in fünf Tagen vom Laien (er war Staatssecretär und Oberster der kaiserl. Leibwache) Bischof geworden und zwar durch die Ordination des entsetzten Bischofes Asbesdas von Syracus. Da mochte gewiß noch viel mehr Grund vorhanden gewesen sein, die Weihe des Photius und sohin auch die von ihm selbst ertheilten Weihen als ungiltig anzusehen. Möglich, daß die beiden Päpste im factischen Irrthume waren und erst Johannes VIII.

---

[1]) c. 3. X, de presbyt. non baptiz.

die Giltigkeit aller dieser Weihen wahrheitsmäßig anerkannte, möglich aber auch und sogar sehr wahrscheinlich, daß sich der schwache Papst Johannes irre führen ließ und so als giltig ansah, was er als ungiltig zu verwerfen hatte¹); gewiß aber, daß bei diesem Widerstreit des Benehmens zwischen Nicolaus und Hadrian einerseits und Johannes andererseits auf keiner Seite ein dogmatischer Irrthum über das Weihe-Sacrament bestand. — Wenn Leo IX. eine Menge von Personen, die von Simonisten ordinirt worden waren, wieder ordinirte, so mag dies doch nicht nach einer principiellen Annahme, als sei die von einem der Simonie Schuldigen ertheilte Weihe ungiltig, sondern mit Unterscheidung in den simonistischen Vorgängen selbst geschehen sein. Gesetzt aber auch, Leo IX. hätte sich dieser irrigen Ansicht hingegeben, als katholischen Glaubenssatz hat er sie nirgends proclamirt. Darin läge also so wenig Argument gegen die päpstliche Unfehlbarkeit in Glaubenssachen, wie etwa in dem zweideutigen Vorwurfe, „der heilige Mann habe sich in seinem Abscheu gegen die Simonie durch die Rathschläge von Männern, deren Eifer die richtigen Grenzen überschritten, hinreißen lassen." Uebrigens weiß man doch von diesen Reordinationen des großen Papstes Leo IX. zu wenig, um darauf abträgige Raisonnements zu bauen. — Wenn aber gegenüber jener „Menge von Reordinationen Leo's IX." dem Papste Gregor VII. vorgeworfen wird, er habe auf seiner fünften römischen Synode die Ungiltigkeit aller simonistischen Weihen zur Regel erhoben und sei der von Urban II. festgestellte Grundsatz, daß ein Simonist, da er nichts habe, auch in der Ordination nichts geben könne, selbst in Gratian's Decret übergegangen²), so habe ich Fol-

---

¹) Erst wieder Formosus, der neun Jahre hinter Johannes VIII. Papst wurde, nahm die an ihn gelangte Bitte, den von Photius Ordinirten die Restitution zu verwilligen, in Berathung, aber er kam nur darauf, solchen Clerikern, wenn sie bekennen würden gefehlt zu haben und den Photinischen Unsinn für immer zu verwerfen versprächen, die communio laicalis zu verstatten.

²) Janus, S. 56.

genbes zu bemerken. Dies ist die Synodalstelle: „Ordinationes, quae interveniente pretio vel precibus vel obsequio alicui personae ea intentione impenso vel quae non communi consensu cleri et populi secundum canonicas sanctiones fiunt et ab iis, ad quos consecratio pertinet, non comprobantur, falsas esse dijudicamus: quoniam qui taliter ordinantur, non per ostium i. e. per Christum intrant, sed ut ipsa Veritas testatur, fures sunt et latrones." Das „Ordinationes" in der Unterscheidung von „consecratio" derselben kann wohl nicht Weihen bedeuten, sondern muß Aemter=Verleihungen bezeichnen; gesetzt aber, es bedeute Weihen, so heißt es doch nur: „esse falsas dijudicamus," was denn doch noch eine mildere Auffassung, die nämlich nicht geradezu auf Ungiltigkeit geht, zulässig macht¹). Damit stimmt auch der Nachsatz sehr wohl zusammen: die so Geweihten werden Dieben und Räubern verglichen, diese aber haben das, was sie sich angeeignet, wirklich nur widerrechtlich. — Die vom Papste Urban II. anbezogene Stelle²) sagt zwar nicht, was Janus findet, sie spricht aber von einem gewissen Daibertus, der dem Papste gestanden habe, er sei von dem simonistischen Bischofe Nezelon zum Diacon, aber nicht auf simonistische Weise, geweiht worden. Da es nun bekannt sei, daß Nezelon von Häretikern geweiht worden ist, so konnte er auch, da er selbst nichts habe, durch die Auflegung seiner Hände nichts geben, wie schon Papst Innocentius declarirt habe. Weil nun aber Daibert sich mit Leib und

---

¹) Wohl weiß ich, daß eine Variante statt „falsas" den Ausdruck „irritas" hat; wenn ich aber falsas lese, so habe ich die Correctores Roman. für mich f. c. 113, C. I. q. 1. Uebrigens bezeichnet auch irritum nicht absolut nur ungiltig, sondern oft auch blos ohne Wirkung, und so könnte ordinationes irritae wahre, jedoch der Ausübung entzogene Weihen heißen. Vergl. den von Gratian in lateinischer Uebersetzung (c. 8. C. I. q. 1) anbezogenen can. 2. Concilii Chal. v. J. 451, dem vielleicht der Gregorische Canon nur nachgebildet und nicht einmal im Ausdruck stärker gehalten ist.

²) c. 24, C. I. q. 7.

Seele von den Häretikern abgewendet habe und im Kirchendienste eifrig sei, so bestelle er ihn vom Neuen aus Noth zum Diacon. Der Schluß lautet: „Quod non reiterationem existimari censemus sed tantum integram Diaconii dationem, quoniam ut praediximus, qui nihil habuit, nihil dare potuit." Nach diesem könnte man auf den Gedanken kommen, Papst Urbanus II. habe gemeint, der von einem ketzerischen Bischof Ordinirte sei gar nicht ordinirt, was jedoch sicher des Papstes Urban Meinung nicht war. Nach der gewiß ganz kirchlichen Lehre des heiligen Augustin's[1]) muß zwischen dem formellen und dem gnadenreichen Empfange eines Sacramentes, also auch des Weihe-Sacramentes unterschieden werden. Der außer der Kirchengemeinschaft stehende Bischof hat seine eigene Weihe nicht verloren, wohl aber die daran geknüpfte Gnadenwirkung, hat er nun selbst die Weihe, so läßt sich nicht sagen, er könne demjenigen, dem er die Hände auflegt nichts geben, weil er selbst nichts hat; aber wie er selbst die Gnade nicht hat, so ist auch die von ihm bewirkte Weihe nur formell, nicht gnadenreich, also nicht ordinatio integra. Mit der Diaconatsbestellung will somit Urban nur nachholen, was der früheren Verleihung fehlt. — So erklärt sich Alles, was man eifervoll den Päpsten hinsichtlich der Administrirung des Sacramentes vorwerfen will, einfach und, ohne daß Janus es „aus einer falschen und in ihren Folgen höchst schädlichen Ansicht von der Kraft und Natur dieses Sacramentes" herzuleiten braucht.

Irrige Ansichten Nicolaus' I. von der Taufe und Firmung.

33. Da meine Defensive bereits in dem vorstehenden Abschnitte für die Rechtgläubigkeit des Papstes Nicolaus I., des im Süden wie im Norden Europas erprobten Mannes der Wahrheit,

---

[1]) c. 97. C. I. q. 1 mit dem unter „12. pars" Bemerkten. S. noch c. 8. Dist. XIX.

einzutreten Gelegenheit gefunden, mögen sogleich zwei andere gegen
die Glaubenstreue desselben geschleuderte Vorwürfe näher betrach=
tet werden. Einmal wird ihm ausgestellt, er habe den Bulgaren
gelehrt, es genüge zur Giltigkeit der Taufe auch die Anrufung des
Namens Jesu statt der göttlichen Dreieinigkeit, und dann — er
habe die Firmung, welche griechische Priester nach uralter orien=
talisch-kirchlicher Sitte ausgespendet hatten, für ungiltig angese=
hen[1]). — Nun, das Erste hat Nicolaus unter ausdrücklicher Wei=
sung auf die Apostelgeschichte (s. Act. Apost. II. 38. VIII. 16.
XIX, 5) und auf eine Erklärung des heil. Kirchenlehrers Am=
brosius (De spiritu sancto I, 3.) gethan[2]): Da sollte man denn
doch glauben, daß, was den Aposteln und einem Kirchenlehrer, der
doch nicht so albern in die Welt hinein spricht, genügt hat, auch
anderen Christen genügen müsse, insoweit es sich blos von der
giltigen Taufspendung handelt. Oder meint der Gegner, Papst
Nicolaus habe den Auftrag des von seinen Jüngern scheidenden
Heilands nicht gekannt und darum einer irrigen Ansicht nachge=
hangen? Wenn weiterhin Nicolaus die von griechischen Priestern
gespendete Confirmation für ungiltig angesehen und deshalb die
bereits so confirmirten Personen erst noch von Bischöfen firmen
ließ, so hatte er sich sicher überzeugt, daß diese, von bloßen Prie=
stern vollzogenen Ritualacte bis zur Ungiltigkeit mangelhaft waren.
Denn daß der Priester nicht hoch genug ordinirt sei, um giltig
firmen zu können, hat Nicolaus so wenig wie ein anderer Papst[3])
gelehrt, obwohl sie alle, insoweit sie sich über den Ausspender des
Firm=Sacramentes aussprechen, auf die Apostelgeschichte (VIII,
14—17) verweisen, damit aber gewiß nichts mehr als ein kirch=
lich=bischöfliches Reservationsrecht bezeichnen können[4]). Daß jedoch

---

[1]) Janus, S. 57.
[2]) c. 24. Dist. IV. de consecrat.
[3]) c. 4. Dist. V. de consecr. ist unterschoben.
[4]) Vergl. c. 1. D. XCV. (wohl liest man hier gerne baptizandos
— aber gewiß mit Unrecht, wenn gleich auch Berardi dafür ist).

Nicolaus I. mit seiner Erklärung der gesammten griechischen Kirche eigentlich den Besitz eines Sacramentes absprach und damit den Grund einer Erbitterung legte, die dann zur bleibenden Trennung führte, ist eine sehr unhistorische Behauptung. Hat doch weder Photius noch Michael Cerularius, also keiner der beiden Hauptagitatoren für das griechische Diffidium, auch nur von Weitem dieses Vorwurfs gedacht! Die Ursache der Trennung lag wo ganz anders!

Irrige Ansichten Stephan's II. (III.) über die Eheauflösung und über die Taufe.

34. Wenn Janus bei dem Papste Nicolaus I. einen dogmatischen Irrthum hinsichtlich der Form des Sacramentes der Taufe findet, so findet er schon beiläufig 100 Jahre früher bei dem Papste Stephanus II. (III.) einen solchen Irrthum in Absicht auf die Materie dieses Sacramentes. Dieser Papst, schreibt er, „gestatte die Ehe mit einer Leibeigenen aufzulösen und eine andere Frau zu nehmen, während sonst die Päpste Ehen zwischen Freien und Leibeigenen stets für unauflösbar erklärt haben. Eben so bestimmte Stephan, daß eine mit Wein ertheilte Nothtaufe ein giltiges Sacrament sei"[1]. Die dafür gemachten Allegate aus der Concilien-Sammlung Labbés enthalten das nicht. Uebrigens mag es bezüglich der vorgegebenen Weintaufe hier genügen, darauf zurückzuweisen, daß bereits zwei namhafte Gelehrte katholischer Richtung sich die Mühe nahmen, die dafür anbezogenen Decretalen als ungewiß oder unterschoben nachzuweisen[2]. Der Unsinn, in welchem sich diesfalls die Bosheit oder der Muthwille gegen den Papst versucht hat, liegt auch ohne diese gelehrten Untersuchungen offen auf der Hand: wie weit müßte man es in der Sophistik

---

[1] Janus a. a. O. im letzten Absatz.
[2] Harduin, dissert. de baptismo in vino. Natalis Alexander, dogmatic. moral. lib. I. de mater. bapt. regula 2.

bereits gebracht haben, wenn es nur bei den Einfältigsten einigermaßen gelingen sollte, die klar ausgesprochene Forderung der Wasser-Taufe in eine Wein-Taufe zu verdrehen! Was ferner die Eheauflösung betrifft, welche Stephanus irrigerweise verstattet haben soll, so ist es doch auffallend, daß Gratian, der es in seiner „concordia canonum discordantium" eigens darauf absah, widersprechende Stellen auszugleichen und darum auch, wie jeder Kirchenrechtskundige weiß, keiner schwierigen Antinomie auswich, von dieser Stephan'schen Aeußerung nichts angibt. Und doch bringt er eine Stelle, nach der es für unzulässig erklärt wird, sich von einer Ehefrau zu trennen, die man als Sklavin giltig geehelicht hat[1]); wie nahe lag da die Veranlassung auf jene Aeußerung des Papstes Stephan zu reflectiren! Sollte man also nicht eher annehmen, Stephanus habe sich in dieser Weise gar nicht ausgesprochen, als — Gratian habe die Entscheidung nicht gekannt?

Zwei Päpste irren sich in Hinsicht der heiligen Communion bei Kindern.

35. Von den Päpsten Innocentius I. und Gelasius I. sagt Janus[2]) wörtlich: es habe „jener in einem Schreiben an die Synode von Mileve, dieser in seiner Epistel an die Bischöfe von Picenum den Empfang der Communion bei kleinen Kindern für so unentbehrlich erklärt, daß sie die, welche vor Empfang derselben sterben, geradezu der Hölle zuweisen — eine Lehre, welche freilich erst tausend Jahre später das Concil von Trient mit dem Anathem belegte." Ach, war da vielleicht ein volles Jahrtausend auf päpstliche Veranlassung die Kirche in einem dogmatischen Wahne?! Aber wer im Concile von Trient nachsieht, der erfährt daselbst[3]), aus gutem

---

[1]) c. 2. C. XXIX. q. 2.
[2]) S. 54.
[3]) Conc. Trid. XXI. c. 4. de commun. sub. utraque u. eod. can. IV.

Grunde habe man früher hier und dort wohl auch Kinder zum Empfange der Eucharistie zugelassen, jedoch müsse man glauben, es sei dies nicht nothwendig um des Heiles wegen geschehen. Hätten auch, wenn dies anders gewesen wäre, nicht längst schon die Griechen unter Photius und Cerularius einen energischen Vorwurf darauf gebaut? Sie haben es nicht gethan, vielleicht auch darum, weil ihnen die Forderung einer Kleinkinder-Communion gar zu unpractisch vorkam, als daß sie sich dagegen ereifern sollten. Die Stelle, auf die Janus bei Innocentius I. verweist, ist in der Antwort dieses Papstes auf den Synodalbericht über die Verhandlung von Milevis gegen Pelagius enthalten. Klar und präcis verwirft Papst Innocenz I. die Pelagische Lehre, daß jeder Mensch die zur Erreichung des ewigen Heiles erforderliche Kraft schon in seinem Organismus habe. Insbesondere heißt es im Hinblick auf die von den Pelagianern gezogene Consequenz, auch ohne Taufe gelangen Kindlein, wenn sie sterben, zur Seligkeit: „parvulos aeternae vitae praemiis absque baptismatis gratia posse donari, perfatuum est. Nisi enim manducaverint carnem filii hominis et biberint sanguinem ejus, non habebunt vitam in semet ipsis."

Sieht man nur diese zwei Sätze an, so könnte man vielleicht zu dem Schlusse verleitet werden, der Papst meine: Ohne Taufe kein sacramentaler Genuß der Eucharistie, ohne diese keine Seligkeit. Wie paßt dies aber zu den bald nach diesen zwei Sätzen folgenden Worten: „Qui autem hanc (nämlich jene „Vita," von der Christus in dem zweiten soeben anbezogenen Satze spricht) eis (sc. parvulis) sine regeneratione defendunt, videntur mihi ipsum baptismum velle cassare, cum pradicant, hos habere, quod in eos creditur nonnisi baptismate conferendum?" Aus dieser Antithese gegen die Pelagische Irrlehre zeigt sich denn doch greifbar deutlich, daß bei Kindern, wenn sie auch ohne Eucharistie sterben, die Taufe allein zur Erlangung der Seligkeit hinreicht. Freilich kömmt es nun zur

Frage, warum Innocenz I. seine Behauptung von der Pelagischen Abgeschmacktheit mit jener obigen Evangelienstelle und nicht vielmehr mit einer viel directer bezüglichen: „Wahrlich ich sage Dir (Nicodemus), es sei denn, daß Jemand geboren werde aus dem Wasser und dem Geiste, sonst kann er nicht in das Reich Gottes kommen" [1] — beweisen wollte. Offen gestanden, mir leuchtet dies selbst nach dem, was St. Augustin darüber zu sagen weiß, nicht ein [2]. Gewiß jene erste Evangelistenstelle hat ihre gute Verwendung gegen das Pelagische System; daß sie jedoch der Papst gerade in der stylistischen Verbindung wie sie jetzt vorliegt, verwendet hat, will mir nicht wahrscheinlich vorkommen. Näheres weiß ich zwar über diese Verschiebung nicht anzugeben, aber der Gedanke daran drängt sich mir aus dem logischen Zusammenhang der päpstlichen Rede fest auf: dieser Satz ist aus der ursprünglichen Stellung fortgekommen. Was die Aeußerung des Papstes Gelasius I. in seinem Briefe an die Bischöfe von Picenum Anstößiges enthalte, kann hier nicht untersucht werden, da bekanntlich Gelasius in Sachen der Pelagianer, die sich unter seinem Pontificate in Dalmatien und in der Gegend um Ancona wieder rührten, an die Bischöfe von Picenum drei Briefe geschrieben hat und Janus den Brief, der ihn geärgert, nicht näher bezeichnet.

Nicolaus II. hat irrige Vorstellungen vom Sacramente des Altars.

36. Dem Papste Nicolaus II. wird vorgeworfen[3]), er habe kapernaitische [4]) (grob sinnliche) Vorstellungen vom Leibe und Blute

---

[1]) Joan. III.

[2]) Alypii et Augustini epist. ad Paulinum (Nolan. episc.) unter Sct. Augustins Briefen c. CLXXXVI. n. 28.

[3]) Janus, S. 58.

[4]) Joan. VI, 48—59.

Jesu Christi im Altarsacramente gehabt, denn er habe den Irrlehrer Berengarius von Tours (der bekanntlich von einer substantiellen Verwandlung des Brodes und Weines in den lebendigen Leib Jesu Christi nichts wissen wollte und durch die priesterliche Consecration unter den genannten Materien nur eine himmlische Kraft und auch nur insofern, als der Genießende Glauben hat, entstehen ließ, ohne diesen Glauben aber nur ein inhaltsleeres kraftloses Zeichen sah) zu einem Glaubensbekenntniß in einer ärgernißvollen, anstößigen Formel verhalten. Das gemeinte Glaubensbekenntniß wurde nach gar vielen Versuchen, den findigen, characterlosen Mann zur rechten kirchlichen Anschauung zurückzubringen auf einem römischen Concile von 113 Bischöfen im Jahre 1059 gefordert und abgelegt. Es enthielt unter Anderem die Worte: „scilicet panem et vinum, quae in altari ponuntur post consecrationem non solum sacramentum sed etiam verum corpus et sanguinem Domini nostri Jesu Christi esse et sensualiter non solum sacramento sed in veritate manibus sacerdotum tractari, frangi, atteri"[1]). Nun, wirkliches natürliches Fleisch wie die Juden zu Kapernaum an dem lehrenden Jesus sahen und dahin auch seine Worte verstanden, unter den Gestalten von Brod und Wein, läuft denn doch auf ein Nonsens hinaus, deßhalb hat, so viel mir bekannt, an jenen „manibus tractari frangi, atteri" noch Niemand Verständiger Anstoß genommen und immer nur dahin verstanden, der lebendige Gottessohn sei in geheimnißvoller Weise unter dem consecrirten Brode und Weine gegenwärtig, wie sehr auch diese Gestalten mit Händen berührt, gebrochen, gekaut werden. Dieses Glaubensbekenntniß in seiner unverkennbar derben Ausdrucksweise war nur speciell auf Berengar allein berechnet, um sich nämlich seiner richtigen, katholischen Anschauung von der Eucharistie zu vergewissern, sie wurde

---

[1]) c. 42. Dist. II. de consecr.

darum auch nicht weiter gebraucht. Räthlicher wäre es vielleicht gewesen, auch dieses Eine Mal gegenüber der Berengar'schen Lehre von einer blos dynamischen Gegenwart Christi im Altarssacramente den katholischen Glauben von dem wahren wirklichen und substantiellen Leibe und Blute des lebendigen Herrn in einer minder plastischen Form zu geben. Aus der gebrauchten Formel lassen sich von albernen oder böswilligen Leuten allerlei sonderbare Folgerungen ableiten, die am Ende gar zum absurden Stercorismus führen. Berengar, immer noch hartnäckig dissentirend, hat dies in seinen Schmähungen gegen Papst und Concil, zumal gegen Cardinal Humbert, den Concipienten der ihn sehr schonungslos streng fassenden Formel, am besten verstanden. Vorsichtiger war deßhalb eine andere Formel verfaßt, die dem unruhigen Häretiker auf einer römischen Synode vom Jahre 1079 unter Gregor VII. vorgelegt und von ihm angenommen wurde, wozu wohl Gregor's gebietende Strenge sehr viel beitrug. Das Weitere in Berengar's Geschichte gehört nicht mehr hieher.

Cölestin III. irrt über die Auflösung der Ehe. Innocenz' III. Irrthümer.

37. Gegen den Papst Cölestin III. (1191 — 1198) wird der Vorwurf erhoben[1]), er habe „das Eheband dadurch zu lockern versucht, daß er erklärte, falls der eine von den Ehegatten häretisch geworden sei, die Ehe gelöst wäre," doch habe Innocentius III. diese Entscheidung seines Vorgängers verworfen. — Wahr, dieser Papst erklärte sich ganz entschieden für den Fortbestand der Ehe, wenn gleich der eine Ehegatte in Häresie verfällt[2]). Dabei sagt er: „licet quidam praedecessor noster sensisse aliter videatur."

---

[1]) Janus, S. 58.
[2]) c. 7. X. de divort.

Woher weiß denn Janus, daß dieser quidam praedecessor eben der letzte Vormann Innocenz' III. gewesen? Janus beruft sich auf den spanischen Canonisten de Castro, der die Cölestinische Decretale im Manuscripte gesehen habe, aus den handschriftlichen Sammlungen päpstlicher Erlässe sei sie vertilgt worden. Wie soll man auf solche Angabe ein Urtheil bauen? Gesetzt, Cölestin habe eine **noch nicht** consummirte Ehe vor Augen gehabt; konnte er da nicht verfügen, daß die Ehe durch die Häresie des einen Gatten aufhöre, wie er dies in einzelnen Fällen ganz gewiß verfügen konnte? Könnte die haeresis nicht eben so gut in Folge päpstlicher Verfügung eine jede nicht consummirte Ehe aufheben, wie die Ablegung der Ordensprofeß? Papst Innocentius III. wollte aber diese Auflösung weder bei der consummirten noch bei der nicht consummirten Ehe. Wo wäre da ein Argument für die Gegner der päpstlichen Unfehlbarkeit in Glaubenssachen? Wenn Janus sich hier auf Innocentius III. Autorität beruft, um seinen Vorgänger Cölestin III. zu brandmarken; so will er dem ersteren nicht etwa eine verdiente Huldigung gewähren, er findet vielmehr sogleich darauf [1] diesen großen Denker in einem „Selbstwiderspruch" und „in der Theologie gänzlich ununterrichtet." Wie denn doch? der Papst sage, das Band der Ehe könne nur Gott lösen; das geistige Band, das den Bischof an seine Diöcese binde, sei aber noch fester und „unauflöslicher" (sic!), als das fleischliche Band der Ehe, somit könne auch nur Gott allein dieses geistige Band lösen oder, wie es weiter heiße, sein Stellvertreter auf Erden, der Papst, der doch, weil er Gottes Stellvertreter, nicht vermöge menschlicher, sondern kraft göttlicher Autorität dieses heilige und unzerreißbare Band löse, sohin löse dasselbe kein Mensch, sondern Gott. „Den darin inbegriffenen und nahe liegenden Schluß, daß der Papst auch das Eheband als das minder starke und heilige

---

[1] Janus, S. 59 f.

lösen könne, hat Innocenz, welcher ja, wie wir gesehen, die Entscheidung Cölestin's III. über die Auflösbarkeit des Ehebandes feierlich verworfen hatte, dabei übersehen und sich unbewußt in einen Selbstwiderspruch verwickelt." — Wahrlich diesen Selbstwiderspruch sehe ich nicht, auch nicht mit dreifachen Augengläsern. Bei einer stellvertretenden Berechtigung kömmt es, sollte man meinen, doch vor Allem auf den Willen dessen an, der vertreten werden soll; will er sich in einer schwierigen Angelegenheit vertreten lassen und eine leichtere sich selber vorbehalten, dann darf man wohl doch den Stellvertreter, der sich diesem fügt, nicht eines Selbstwiderspruches zeihen. Nach der seit den Apostelzeiten constant gebliebenen Praxis nahm auch Papst Innocenz III. das göttliche Verbot: „Was Gott verbunden, soll der Mensch nicht scheiden"[1]) als ein in Absicht auf die bereits consummirte Ehe absolut, also auch für ihn wie für jeden Papst giltiges Verbot, fand aber, wieder in Folge uralter kirchlicher Praxis, daß ihm in seiner directiven Berechtigung, im Interesse der Kirche zu binden und zu lösen, auch das Recht zustehe, bei den durch göttliche Vermittlung eingesetzten Bischöfen [2]) aus Gründen, die im Interesse der kirchlicher Administration liegen, jurisdictionelle Veränderungen vorzunehmen. Was gäbe es da zu kritisiren, wenn man ja doch noch den katholischen Standpunct einhalten will? — Doch der gelehrte Deutsche fand auch eine andere Stelle, an welcher er sich mit maßloser Impertinenz gegen den Papst Innocenz III. ausläßt. Um seine durch kirchliche Strafen sanctionirbare Competenz in gewissen Angelegenheiten, die doch ausnahmsweise wegen ihrer besonderen Schwierigkeit oder Mehrdeutigkeit ein ungewöhnliches Judicium erheischen, nachzuweisen, beruft Innocenz sich auf das alte Testament, und zwar auf das Deuteronomium (V. Mos. XVII).

---

[1]) Matth. XIX, 6.
[2]) Acta Apost. XX, 28.

Diese Bezeichnung, sagt der Papst, heißt das andere Gesetz und so muß die über solche Angelegenheiten gemachte Verfügung auch unter dem neuen Testamente gelten. „Sane ex vi vocabuli comprobatur, ut quod ibi decernitur, in novo Testamento debeat observari,"[1]) lauten die päpstlichen Worte, die unmittelbar auf die aus dem Deuteronomium anbezogene, päpstlicherseits gemeinte Stelle folgen. Das ganze Deuteronomium hieher ziehen wollen, als sei es in allen seinen Normen für die Kirche giltig, zeugt von einer Leidenschaftlichkeit, die für den Zusammenhang der ganzen Decretale blind macht. Schon die Stylisirung des diesbezüglichen Satzes steht schroff genug gegen eine solche Auffassung; nicht heißt es: „ut quae ibi decernuntur," sondern in grammatisch richtigem Ausdrucke, wie solcher durch das unmittelbar Vorhergehende bedingt wird: „ut quod ibi decernitur". — Mehr Berechtigung hätte die Hinweisung auf die linguistische Spielerei, die aus der Ueberschrift eines Buches, in einem einzigen Worte bestehend, die obligatorische Bedeutung Einer darin enthaltenen Norm heraus interpretirt. Indeß hatte Innocenz, der unter ganz anderen Verhältnissen, als jetzt bestehen und zur Opposition provociren, in das Pontificat gekommen, gewiß im vollsten Ernste gemeint, aus jener durch typische Interpretation ins kirchliche herüber gezogenen Stelle des Deuteronomiums lasse sich in Verbindung mit einer apostolischen Erklärung[2]) nach einfacher Logik eine ausnahmsweise Berechtigung des Papstes in weltlichen Angelegenheiten herausbringen. Daß es nach katholischer Glaubenslehre so sein müsse, ist damit nicht gesagt, somit die gegebene Erklärung blos eine gelehrte Meinung, über die sich noch disputiren läßt. Doch es gehört nicht an diese Stelle, so leicht es ist, nachzuweisen, wie die damaligen Anschauungen aller Welt den Papst Innocenz III. zur Annahme dieser

---

[1]) c. 13. X. qui filii sint legitimi.
[2]) I. Corinth. VI, 3.

schon aus der zweiten Hälfte des XI. Jahrhundertes stammenden Idee drängen mußten.

Drei Päpste im Widerspruch hinsichtlich der Armuth Christi.

38. Mit welcher Herzensfreude mag sich Janus über die Decretale des Papstes Nicolaus III. „Exiit, qui seminat" hergemacht haben! An Nicolaus schloß sich Clemens V. und sogar Johannes XXII.[1]), der aber dann sich und die beiden älteren Päpste corrigirte[2]). Gibt das einen Eclat gegen die Infallibilität des Papstes, einen Riesenwall gegen die Prätension! — Näher angesehen — parturiunt montes etc. Nicolaus III. gab den Franciscanern eine apostolische Auslegung ihrer Ordensregel, darin sagt er unter Anderem: „Dicimus, quod abdicatio proprietatis hujusmodi omnium rerum tam in speciali quam etiam in communi propter Deum meritoria est et sancta, quam et Christus viam perfectionis ostendens verbo docuit et exemplo confirmavit; quamque primi fundatores Ecclesiae militantis ab ipso fonte hauserant, volentes perfecte vivere per doctrinae ac vitae exempla in eos derivaverunt," und läßt dann eine lange Erörterung über das Gelübde der Armuth im Sinne des heiligen Franciscus von Assisi folgen. Die dogmatische Frage, die alsbald in den Vordergrund trat, ging dahin, ob Christus, so entschieden er sich für die Armuth ausgesprochen, nicht dennoch an gewissen zum Leben nothwendigen Sachen ein Eigenthum gehabt habe. Dies wird in einer Decretale des Papstes Johannes XXII. bejaht und die gegenseitige Behauptung mit dem Ana-

---

[1]) S. c. 3. de verb. sig. in VI (Nic. III), c. 1, eod. in Clem (Clem. V.) c. 1 eod. in Extrav. Joann. XXII.

[2]) c. 2—5. de verb. sig. in Extrav. Joann. XXII.

them bedroht¹). Damit aber, meint Janus²), „verwarf dieser Papst die Lehre seines Vorgängers, daß Christus und die Apostel in Wort und That Vorbilder jener von den Franciscanern angestrebten Armuth gewesen seien, als ketzerisch und der katholischen Lehre feindlich." — Meint Janus unter den Franciscanern die überspannten Spiritualisten, so schiebt er der päpstlichen Erörterung ihrer Regel ein Object unter, an welches Nicolaus sicher nicht gedacht hat. Nur die vom heiligen Franciscus gewollte Armuth hat nach der päpstlichen Auffassung die Armuth Jesu Christi während seines irdischen Wandels zum Vorbilde, was jedem nicht ganz auffassungsunfähigen oder böswillig spionirenden Leser seines Commentars sogleich klar sein muß. Nicht absolute Vermögenslosigkeit finde sich bei Christus, wie ja die heilige Schrift lehre; aber in dem, was und wie er hatte „sic infirmorum personam Christus suscepit in loculis sic et in nonnullis aliis, infirma humanae carnis assumens (prout evangelica testatur historia) non tantum carne sed et mente conscendit infirmis... Egit namque Christus et docuit opera perfectionis. Egit etiam infirma sicut interdum et in fuga patet et in loculis: sed utrumque perfecte perfectus existens in perfectis et imperfectis se viam salutis ostendens, qui utrosque salvare venerat, qui tandem mori voluit pro utrisque. So schwer es sein mag den vollen Gehalt dieser Sätze klar anzugeben, so sieht man doch gewiß ganz deutlich, daß von einer absoluten Armuth Christi keine Rede sein soll. Dies zeigen auch die sogleich folgenden Worte: „Nec quisquam ex his insurgat erronae, quod taliter propter Deum proprietatem omnium abdicantes tamquam homicidae sui vel tentatores Dei vivendi discrimini se committant: sic enim seipsos committant divinae providentiae in vivendo, ut viam non contemnant provisionis humanae, quin vel de iis, quae offe-

---

¹) c. 4. de verb. sig. l. c.
²) S. 62.

runtur liberaliter, vel de iis quae mendicantur humiliter vel de iis quae conquiruntur per laboricium, sustententur, qui triplex vivendi modus in regula providetur expresse." . . . "Condecens fuit ei professioni, quae sponte devovit, Christum pauperem in tanta paupertate sectari, omnium abdicare dominium et rerum sibi concessarum necessario usu fore contentam." Das ist denn doch nicht das Phantastische der Spiritualisten, das Papst Johannes XXII. anathematisirte: paupertatem Christi constitisse perfecte in expropriatione cujuslibet temporalis dominii civilis et mundani et sustentationem eorum in solo et nudo usu facti etiam constitisse." Doch was bedarf es vieler Worte der Apologie, da Joannes selbst in scharfsinniger Weise die Uebereinstimmung seiner Ansicht mit der des Papstes Nicolaus III. über die Armuth Christi auf sich nahm und durchführte[1])! Demnach kann ich die Janus-Bemerkung: "Was Nicolaus III. und Clemens V. in feierlichen Entscheidungen als gerecht und heilig gepriesen hatten, brandmarkte der spätere Papst in ebenso feierlicher Weise als schädlich und ungerecht" — nur als auf Mißverständniß oder Verdrehung beruhend ansehen. Auch in allem Uebrigen, was über das Ordensvermögen der Franciscaner von Nicolaus und Clemens einerseits und von Johannes XXII. andererseits verfügt worden ist, möchte außer dem Puncte, der sich auf das der römischen Kirche reservirte Eigenthum bezieht, wenig differiren. Das Eigenthum, das sich Nicolaus an allen nicht verzehrbaren Sachen, die den Ordensleuten mit Eigenthumsabsicht rechtlich überlassen würden, vorbehalten hatte, um den Franciscanern die rechtliche Möglichkeit des Gebrauches zu gewähren, hat allerdings Johannes nur auf gewisse Sachen ("ecclesis, oratoriis, officinis . . .") beschränkt und indem er den öconomischen Unterschied zwischen verbrauchbaren und unverbrauchbaren Sachen auch

---

[1]) c. 5. de verb. sig. l. c. in den Sätzen: "Sed hoc Romanus pontifex praedecessor noster Nicolaus . . . und "Adhuc idem Nicolaus. . . ."

in rechtlicher Hinsicht klar stellte, die Ordensberechtigung auch in pecuniären Beziehungen über alle Zweifel erhoben, die aus einer überspannten, über die Natur des Menschen und der Sachen wegsetzenden Auffassung der schönen Ordensregel entstanden waren.

Johannes XXII. irrt über den Zustand der Seligen nach deren Tode.

39. Gegen eben denselben Papst Johannes wird eine andere in den Augen aller Antipoden der päpstlichen Unfehlbarkeit in Glaubensbestimmungen schwer wiegende Klage erhoben[1]), die zwar nicht den Reiz der Neuheit, aber noch immer die alte Grundlosigkeit für sich hat. Johannes XXII. soll vom Zustande der Seligen nach ihrem Tode bis zum letzten Gerichte Vorstellungen, welche in die katholische Dogmatik wenig passen, nicht nur gehabt, sondern auch von dem Predigtstuhle herab dem Volke vorgetragen haben. Aus einer schon in den ersten christlichen Jahrhunderten vorfindigen, durch gewisse mißverstandene Stellen der Paulinischen Apostelbriefe[2]) entstandenen, kirchlicherseits nicht weiter gewürdigten Annahme eines Schlafes der Seele nach dem Tode des Leibes, bis sie durch die Auferstehung des Fleisches das nothwendige Organ ihrer Thätigkeit wieder erlangt, in Verbindung mit einer in der Apocalypse enthaltenen Weisung[3]) soll sich der talentvolle, gelehrte Mann über diese Psychopannychia eine ganz eigenthümliche Doctrin gebildet und davon sogar in der Cathedrale von Avignon im J. 1331, ja nach Berichten einiger Minoriten, die ihm aber um ihrer Ordensregel willen nichts weniger als geneigt waren, sogar öfter gepredigt haben. Ist die Nachricht, der ich folge, richtig, so sagte

---

[1]) Janus, S. 295 f.
[2]) I. Corinth. XV. 20, I. Thessal. IV. 13. ff., Hebr. XI, 39.
[3]) Apocalyp. VI, 9—11.

der Prediger: Vor der Ankunft Christi sei der Schooß Abrahams die Belohnung der Gerechten gewesen, seit der Auferstehung Christi bestehe ihre Belohnung darin, daß sie bis an den Tag des Gerichtes unter dem Altar Gottes d. h. unter dem Schutze und Troste der Menschheit Jesu Christi seien; allein nach dem Gerichte würden sie auf dem Altar, d. h. über der Menschheit Jesu Christi sein, weil sie dann nicht nur seine Menschheit, sondern auch seine Gottheit, wie sie an sich selbst ist, sehen würden, denn sie würden den Vater, den Sohn und den heiligen Geist sehen." Angenommen, Papst Johannes habe am Allerheiligenfeste des bezeichneten Jahres diese mysteriöse Predigt gehalten, wer wollte so naiv sein, darin eine papstämtlich verkündigte Glaubenslehre zu sehen? Aber auch der leiseste Zweifel tritt zurück, nachdem derselbe Papst in seinem Cardinal-Consistorium notariell, ferner auch noch auf seinem Todtenbette erklärt hat, daß er mit dem, was er über den Interimszustand der Seligen gepredigt, keine papstämtliche Entscheidung geben wollte. Schon in seinen Canonisationsbullen über Thomas von Aquin, Ludwig von Toulose und Thomas von Erfurt bekennt er ganz deutlich die katholische Lehre von der bei Gerechten gleich nach deren Tode beginnenden Seligkeit. Zu allem Ueberflusse meinten selbst die gelehrtesten Theologen von Paris, Johannes XXII. habe nur von seiner subjectiven Meinung über eine bis dahin noch nicht endgiltig entschiedene Sentenz gesprochen[1]). Eine Bemerkung gegen die empörende Arroganz des französischen Königs, von der Janus diesfalls triumphirend spricht, ist gewiß überflüssig, vorausgesetzt, daß dieselbe wahr ist. Denn der Mann, der es als Einer von ganz gemeiner Herkunft blos durch seine geistige Kraft und deren stets loyale Anwendung bis zur höchsten socialen Spitze, wenigstens nach der Anschauung seiner Zeit zu bringen mußte, war der Charakter nicht, der sich von einem

---

[1]) S. überhaupt Raynald ad a. 1331, n. 13—15. ad a. 1333, n. 45—60. ad a. 1334, n. 27—34.

französischen Könige so viel gefallen lassen wollte, wie leider jetzt bei dem allgemeinen Gräuel im Kirchlichen wie im Politischen Pius IX. von Ministern und feilen oder frechen Journalisten sich gefallen lassen muß oder doch soll!

Eugenius' IV. Verordnung über die Form und Materie der hl. Sacramente der Firmung, der Buße, der Weihe zeugt gegen die päpstliche Unfehlbarkeit.

40. Hundert Jahre hinter Johannes XXII. erscheint wieder ein Papst, Eugenius IV., gegen den der deutsche Gelehrte die heftigste Anklage erhebt. Von der Glaubens-Instruction, welche dieser Papst im November 1439 den Armeniern gegeben, wird gesagt, Eugen gebe für das Sacrament der Firmung eine Form an, „welche in der einen Hälfte der Kirche nie bestanden habe, in der andern erst nach dem zehnten Jahrhundert in Gebrauch gekommen sei." Eben so verfahre er mit der Buße; auch da werde eine Form des Sacramentes als wesentlich angegeben, welche die griechische Kirche nie, die abendländische eilfhundert Jahre nicht gekannt habe. Wenn weiters bei dem Sacramente der Weihe die Berührung der Gefäße und die dabei zu sprechenden Worte für Materie und Form angegeben werden, so folge daraus, „daß die lateinische Kirche tausend Jahre weder Priester noch Bischöfe gehabt habe, ja gleich der griechischen, die jenen Gebrauch sich nie angeeignet, bis zur Stunde weder Priester noch Bischöfe besitze, folglich auch der Sacramente mit Ausnahme der Taufe und etwa der Ehe entbehre." Wäre das Alles so baare Münze, wie es hell anklingt, dann stände es wirklich schlimm; und die katholische Kirche wäre durch die Dummheit eines Papstes ganz unversehens weiter in's Leere vorgeschoben worden, als durch die Mühen der Reformatoren des sechzehnten Jahrhunderts! Janus äußert sich noch

weiter: „Es ist merkwürdig, daß dieses Decret, mit welchem entweder die päpstliche Unfehlbarkeit oder die ganze Hierarchie nebst den Sacramenten in der Kirche steht oder fällt, von allen Dogmatikern citirt, widerlegt und angerufen wird, daß aber die Anhänger der päpstlichen Infallibilität sich nie auf die Erörterung desselben eingelassen. Weder Bellarmin noch Charlas, Aguirre Orsi und alle übrigen curialistischen Apologeten befassen sich damit"[1]). Er wundert sich, Andere möchten vielleicht durch dieses völlige Stillschweigen bei Literaten, die noch von der Kunst des Todtschweigens nichts wissen, zu einem bescheidenen Mißtrauen gegen ihr derartiges Raisonnement gebracht werden. Vielleicht bin ich im Nachfolgenden so glücklich, zwar nicht Janus selbst, der ja doch sicher Alles am besten weiß, aber einen oder den anderen seiner verführten Leser über jenes trübselige Entweder — Oder hinwegzubringen.

Die sieben heiligen Sacramente, nach katholischer Lehre, sind alle von Christus selbst der Kirche zugestiftet. Hat sich der Heiland über Materie und Form eines Sacramentes genau ausgesprochen, wie bei der Taufe und der Aufbereitung der Eucharistie, so muß es dabei bleiben, die Kirche kann dem Wesentlichen nichts beigeben, nichts abnehmen und Alles was sie im Interesse der Gläubigen selbst verfügt, hat nur nebensächliche Bedeutung[2]). Fehlt es aber an einer solchen von Christus selbst gemachten Bestimmung, dann muß das Fehlende durch die kirchliche Lehrgewalt und Legislation ersetzt werden, weil ja sonst das betreffende Sacrament keine practicable Seite hätte. Die kirchliche Autorität schließt sich dabei ganz vorzüglich an das an, was die Kirchengeschichte[1]) dafür entnehmen läßt. St. Augustin lehrt: „In rebus, de quibus nihil certi statuit divina Scriptura, vos populi

---

[1]) Janus, S. 63 f.
[2]) Conc. Trident. XXI. c. 2. de commun. sub utraque.

Dei et instituta majorum pro lege tenenda sunt¹). Begreiflich bis die kirchliche Autorität anders verfügt. Dies muß sogleich bei dem Sacramente der Firmung in Anwendung kommen. Eine Bestimmung Jesu Christi über Materie und Form dieses Sacramentes läßt sich nicht nachweisen, nur heißt es in der Bibel, daß die Apostel auf die bereits Getauften die Hände auflegten und über sie beteten. Sollte das nicht im Auftrage des Herrn geschehen sein? Die Salbung mit bischöflich benedicirtem Chrisam und die Firmungsformel beruhen zunächst auf kirchlicher Anordnung²), wahrscheinlich nach einer apostolischen Tradition und lassen hinsichtlich ihrer Zweckmäßigkeit nichts zu wünschen übrig — nur verstehen muß man es. Ueber Materie und Form des Bußsacramentes findet sich in den heiligen Urkunden nicht einmal eine apostolische Uebung verzeichnet, sohin sah sich die Kirche berechtigt, ihre diesbezüglichen Bestimmungen zu machen und zwar im engsten Anschlusse an Christi Verheißung: „Welchen ihr die Sünden erlasset, denen sind sie erlassen, welchen ihr sie vorbehaltet, denen sind sie vorbehalten." Demnach fällt der historische Einwurf von dem langen Unbekannt der Eugenischen Absolutionsformel ohne Schwierigkeit fort. In derselben Weise, wie eben von den Sacramenten der Firmung und der Buße angegeben worden, hielt es auch bei dem Weihe-Sacrament die Kirchenautorität für ihre Aufgabe, die erforderlichen Administrativ-Bestimmungen im Geiste des göttlichen Kirchenstifters nachzutragen. Solche Nachtrags- und Durchführungs-Normen müssen zwar nach dem Wesen des Katholicismus so viel möglich stereotyp sein, aber gewiß auch nicht ohne Beachtung der Verhältnisse dem Leben zugeführt werden. Das Bessere auch in dieser Beziehung an die Stelle des Veralteten,

---

¹) c. 7. Dist. XI.

²) Man ließ mitunter die Salbung mit bischöflich benedicirtem Chrisam statt der Händeauflegung gelten. S. Synod. Diamperitana in Malabr. a. 1599 cap. 93. Doctrina de Sacr. Confirm. (Labbé VI, 570. seq.)

Abgelebten zu setzen, kann aber doch nur dem Nachfolger dessen zukommen, dem Christus vertrauensvoll das „Pasce agnos meos, pasce aves meas" zurief.

Sixtus V. corrigirt Fehler in die Bibel hinein.

41. „Selbst dann (sagt Janus)[1], als die päpstlichen Unfehlbarkeitsansprüche in Rom schon bestimmtere Gestalt gewonnen hatten, brachte sie Sixtus V. durch seine Bibelausgabe noch in eine bedenkliche Lage." Allzu großes Gewicht scheint also der gelehrte Deutsche auf diesen Umstand nicht zu legen; aber des scandalosen Lärmens macht er mehr als genug davon. Seine Angaben lassen sich dahin summiren: Sixtus V. unternahm es, die lateinische Bibelübersetzung, die ihrem uralten, allgemeinen kirchlichen Gebrauch nach die Vulgata und seit dem Trienter Concil auch die authentica heißt, in kirchlich beglaubigter Ausgabe (also quam emendatissime, wie man in Trient wollte)[2] zu besorgen. Sie erschien (1590) mit dem scharf sanctionirten Verbote, irgend einer Abänderung und — doch „zeigte sich, daß sie voll Fehler war, man fand gegen 2000 vom Papst selbst verschuldete unrichtige Stellen." Da rieth Cardinal Bellarmin, der Jesuit! man möge alle Exemplare einziehen, „die corrigirte Bibel neu, aber unter dem Namen Sixtus V. drucken lassen und in der Vorrede vorgeben, daß die Fehler durch die Schuld der Setzer und die Sorglosigkeit anderer hineingekommen seien." Zu dieser Lüge habe der neue Papst (Clemens VIII?) seinen Namen hergegeben und Bellarmin sodann im hohen Auftrage die lügenhafte Vorrede gemacht, die mit der verbesserten neuen Ausgabe (1592) in Umlauf kam. Alles sollte recht gut vertuscht und verschwiegen werden — aber Bellarmin selbst habe mit eitler Selbstgefälligkeit in seiner Selbst-

---
[1] S. 65 f.
[2] Conc. Trid. IV, decret. de editione et usu sacr. lib.

biographie davon gesprochen und von dieser Schrift, obwohl sie im römischen Jesuiten-Archive aufbewahrt worden, waren doch einige Abschriften in Rom verbreitet. „Der Cardinal Azzolini beantragte daher, da Bellarmin drei Päpste beschimpfe und zwei, Gregor XIV. und Clemens VIII. selbst als Lügner darstelle, so soll seine Schrift unterdrückt und verbrannt und das strengste Geheimniß eingeschärft werden." — Und troß alledem weiß es doch Janus? O! der deutschen Gründlichkeit! Azzolini soll dabei gemeint haben : „Was könnten wir sagen, wenn die Gegner schließen würden: der Papst kann irren, wenn er der Kirche die heilige Schrift auslegt; ja er hat wirklich geirrt, nicht blos in der Auslegung, sondern auch, indem er Vieles in der Schrift ins Schlechtere veränderte." — Worüber soll man bei diesem Geschichtchen mehr zürnen, über die Schlechtigkeit Bellarmins oder über die Dummheit der Jesuiten, wie auch des Cardinals Azzolini oder endlich über ein paar andere Eigenschaften eines Janus? Das Letzte wäre doch am meisten angezeigt, zumal er noch gar nicht die historischen Quellen angibt, aus denen ihm solch' liebevolles Wissen zugekommen ist. Die Sixtinische Bibelausgabe hatte gegen 2000 Fehler. Sixtus hatte, wie er in seiner Bulle dazu sage, „eigenhändig" corrigirt, also sind alle diese Fehler von ihm verschuldet. Nun ist das allerdings ein Schluß, aber auf welche Voraussetzung hin?! Nur wer von der ungeheuern Last der Geschäfte, die Sixtus V. in jener kirchlich tief bewegten Zeit und bei jener Zerrüttung seines römischen Staates auf sich haben mußte, keine Ahnung hat, kann auf den Einfall kommen, der nach hunderterlei Richtungen der Administration in Anspruch genommene Papst Sixtus V. habe doch noch Zeit gefunden, so viele Manuscripte und Ausgaben der Vulgata Wort um Wort zu vergleichen, um so den Originaltext zusammen zu bringen. Eine gewisse Oberleitung des schwierigen, mehrfache Kraft bedingenden Unternehmens, nicht alleiniges detaillirtes Sichten und Schlichten wollte der große

Mann bezeichnen, wenn er von eigenhändiger Correctur sprach. Dann aber kommen jene vielen Fehler doch nur auf die Rechnung jener, die zunächst der Arbeit von ihm zugewiesen waren und ihn in schwierigeren Fällen zu berathen hatten. Auch auf die Setzer und Druck-Correctoren — wer kennt nicht deren Unverläßlichkeit, wenn er gleich nur einige Bogen unter die Presse gab — mögen einige dieser Fehler zurückfallen. Und beträfen alle 2000 Fehler dogmatische Irrthümer? Auch St. Hieronymus hat nicht immer richtig übersetzt, gewiß aber keinen falschen Glaubenssatz aufgenommen. Sollte es in der Sixtinischen Bibelausgabe ganz anders, nach Azzolinis Befürchtung zu schließen, vieles ins Schlechtere verändert gewesen sein? Ueber solche Dinge vorerst weitere Nachforschungen anzustellen, wäre freilich so recht in Ordnung gewesen; man fand es aber sehr erwünscht, unter Einem über die päpstliche Unfehlbarkeit und auch über einen so rüstigen Vertheidiger dieser Unfehlbarkeit, wie es Bellarmin ist, den Stab zu brechen und ihn als Lügner, Fälscher, Verleumder darzustellen. Er ist ja doch nur ein Jesuit!

Irrige Ansichten der Päpste über das Verhältniß zwischen Staats- und Kirchengewalt.

42. Nicht blos auf Einen Papst, wie die bisher besprochenen Ausfälle, sondern auf mehrere, wohl gar viele in solidum bezieht sich ein gegen die päpstliche Unfehlbarkeit oft schon vorgebrachtes Argument, das der Doctrin über das Verhältniß zwischen Staats- und Kirchengewalt entnommen ist[1]). Zwar haben sich nur wenige Päpste in glaubwürdiger Form darüber klar ausgesprochen, die aber, welche es gethan, behaupten in tonangebender Weise, die Staatsgewalt unterstehe der Kirchengewalt in Unterthänigkeit — was jedoch mit klaren evangelischen Stellen im Widerspruch sei.

---

[1]) Janus, S. 115 und noch sehr oft. Observat. quaedam p. 55 seq.

Gewiß, man braucht um die Belege für diesen Vorwurf nicht lange nachzusuchen, selbst im Corpus juris canonici liegen klare Beweisstellen dafür offen vor; daß aber einer von diesen Päpsten oder gar alle ihre Ansicht vom Verhältnisse zwischen Staatsgewalt und Kirchengewalt als Glaubenssache verkündigen wollten, das wird sich schwerlich erweisen lassen, wie es bisher, aller Declamationen ungeachtet, noch nicht erwiesen worden ist. Den meisten Schein einer solchen Tendenz hat eine Bulle des Papstes Bonifacius VIII. „Unam sanctam" vom 18. November 1302[1]), auf welche denn auch noch jetzt die Gegner der päpstlichen Unfehlbarkeit in Glaubenssachen mit vielem Eclat sich zu berufen pflegen. Ich kann mich davon nicht überzeugen. — Die bezeichnete Bulle entstand während eines tiefen Zerwürfnisses zwischen dem Papste Bonifacius VIII. und dem französischen Könige Philipp IV. (dem „Schönen"!), hinsichtlich dessen man nicht ohne Grund sagen möchte: „Intra muros peccatur et extra." Der geniale, geschäftskundige Papst suchte jene Machtfülle zu behalten, die er von großen Vorgängern im Pontificate übernommen hatte, wurde aber endlich von der durch des Franzosen ränkevollen Uebermuth immer wieder aufgestachelten Leidenschaft über die Schranken besonnener Mäßigkeit hinaus und fortgerissen. Der König dagegen, der alle Fehler der Capetinger, aber nicht einen ihrer moralischen Vorzüge an sich hatte, wollte sich das Herkömmliche nicht mehr gefallen lassen, besteuerte geldgierig den bis dahin exemten Clerus, brachte durch einen niederträchtigen Eidbruch seinen Nachbar, Eduard I. von England, um eine schöne Provinz und wurde, als er dieselbe in Folge päpstlich schiedsrichterlichen Spruches wieder herausgeben mußte, nur noch zorniger gegen den Papst, den er auch sogar in den Bischöfen, die ihm nicht zu Gesichte standen, zu verfolgen und zu bemüthigen suchte. Da erschien die Bulle „Ausculta fili" vom 5.

---

[1]) S. dieselbe in c. 1, de majorit. et obed. in Extrav. com.

December 1301, die als Präludium jener obigen „Unam sanctum" gelten kann. Um den Inhalt dieser letzteren gehörig zu würdigen, muß man das Doctrinelle von dem als Glaubenslehre Gegebenen genau unterscheiden. Leider ist dies nicht so leicht, da der Papst selbst so Vieles durcheinander wirft. Diese Vermengung ist schon gleich in der Eingangs-Behauptung bemerkbar: es gäbe nur Eine Kirche, in dieser Einen Kirche und ihrer Macht gäbe es doch zwei Schwerter (Executiv-Gewalten), eine spirituelle und eine materielle, diese, der Ordnung wegen — also nach Gottes Willen jener untergeordnet und dienstpflichtig. Für dieses Affert wird dann eine Anzahl Bibelstellen, wie grübelnde Gelehrsamkeit seit unvordenklicher Zeit sie aufbringen konnte, zusammengestellt und sogar mit einem Philosophem des heiligen Dionysius untermengt. Doch, als ob er den beigebrachten Argumenten noch nicht recht traue, erklärt endlich Bonifacius ohne weitere Unterscheidung: „Porro subesse Romano Pontifici omni creaturae declaramus, dicimus, definimus et pronunciamus, omnino esse de necessitate salutis." Das ist die ominöse Stelle, auf welche gegnerischerseits verwiesen wird. Darf man aber in einem von aufwallendem Zorne gegen einen frechen ungeberdigen König dictirten, nicht einmal sehr correct stylisirten Satze den Ausdruck eines von kirchlicher Lehrgewalt formulirten Glaubenssatzes suchen? Ferner muß denn doch aus biblischem Grunde[1]) jenes „omni creaturae" (omnem creaturam) in einem etwas mäßigeren Umfange, als der Wortlaut will, genommen werden: aber aus gleich biblischen Gründen[2]) muß wohl auch das „subesse" nur mit Beschränkung auf das Spirituelle verstanden werden. Daß darunter auch das Sündhafte im rein bürgerlichen, weltlichen Thun und Lassen begriffen werden müsse, wird wenigstens kein Katholik verkennen[3]), es wäre denn, er wollte sich zu dem Absurdum

---

[1]) I. Corinth. V, 12.
[2]) Luc. XII, 13. Joann. XVIII, 36.
[3]) c. 13. X. de judiciis.

bekennen, sündigen könne man nur bei Vornahme kirchlicher Handlungen. Der Schlußsatz der Bulle „Unam sanctam" lautet freilich sehr allgemein, aber nicht das Wort allein ist entscheidend, wenn man nicht auf die Ungeheuerlichkeit hinauskommen soll, der Papst wolle Christum selbst corrigiren, der seinen Aposteln nur jene Mission gab, die er selbst hatte¹) und die am wenigsten auf Weltherrschaft ging. Endlich, wenn Bonifacius wirklich einen katholischen Glaubenssatz aussprechen wollte und sohin verkündigt hat, die Staatsgewalt sei der Kirchengewalt nach katholischem Dogma völlig unterwürfig: wie konnte doch Clemens V. erklären, er wolle und bezwecke, daß durch die Bulle Unam sanctam weder für den französischen König, noch für das Königreich selbst ein Präjudiz entstehe, sie jetzt der Kirche nicht mehr unterworfen seien als früher und Alles in dem Zustande angesehen werde, wie es vor der besagten Erklärung war²). Wohl war Clemens V. dem französischen König Philipp gar sehr, und mehr, als gut gewesen, zu Willen, daß er aber den Servilismus bis zur Glaubensverläugnung getrieben, hat ihm bisher Niemand vorgeworfen. Die Clementinische Erklärung ist aber um so bedeutungsvoller, da Clemens selbst in einer ganz weltlichen Angelegenheit seine Intervention unter Anderem auch mit der Berufung auf die ihm durch Petrus verliehene Vollgewalt zu rechtfertigen meinte³), ohne jedoch auch nur mit einer Silbe eine dogmatisch-magisterielle Tendenz anzudeuten.

Die Entstehung des hierocratischen Systems.

43. Es bleibt übrigens immer auffallend, wie aus jenem Systeme der Nebeneinanderordnung beider Gewalten, der kirch-

---

¹) Joann. XX, 21.
²) c. 2. de privileg. in Extrav. comm.
³) Clem. 2 de exception. (in fine)

lichen für die kirchliche Sphäre, der staatlichen für die weltlichen Angelegenheiten, von welchem auch im neunten Jahrhundert Nicolaus so deutlich spricht[1]), das seit dem Schlusse des eilften practisch durchgeführte System kirchlicher Oberhoheit im Staate sich ausgestaltete. Dazu haben vorweg die Uebergriffe der römisch-griechischen und der deutschen Imperatoren in's Kirchliche geführt; sie verursachten nach einem sehr natürlichen Gesetze der Entwicklung widerrechtlich gehemmter Kräfte eine Reaction, die leider auch wieder bei guter Gelegenheit das rechte Maß übersah und so zu einer Gegen-Reaction kam, welche zuletzt, wie die Zeitgeschichte jedem Beobachter zeigt, die kirchlichen Verhältnisse in weit aussehende, unselige Schwankungen brachte. Der Gedanke, an den sich jene erste kirchliche Reaction gegen fürstliche Tyrannei, die ihren Gelüsten nicht blos im staatlichen Leben sondern auch auf kirchlichem Gebiete fröhnen wollte, anschloß, hatte wenigstens einen starken Schein der Berechtigung für sich und fand darum auch bei allen christlichen Völkern leichten Eingang. Er war im Gehirn eines Mannes entstanden, der hoch begabt, begeistert für kirchliches Leben und Wirken, nachdem er als einfacher Cluniacenser-Mönch ungestört in patristischen Studien seinen geistigen Gesichtskreis erweitert und in klösterlicher Disciplin jedes selbstsüchtige Verlangen niedergekämpft hatte, vom Herrn auserkoren ward, auf Grundlage religiöser Ideen dort überall Ordnung zu schaffen, wo der Weltgeist seinen Gräuel der Verwüstung walten ließ. Dieser merkwürdige Mann hatte sich, lange vorher, ehe er auf den apostolischen Stuhl kam, vielleicht auf Veranlassung einer apostolischen Reflexion[2]) dem Schlusse hingegeben, daß wer im Spirituellen Vollgewalt habe, folgerecht auch in der geringeren Sphäre des Weltlichen competent sei. Dem gemäß verlangte er dann als Papst, daß in

---

[1]) c. 8. Dist. X. c. 6. Dist. XCVI.

[2]) I. Corinth. VI, 2, 3.

chriftlichen Reichen auch in staatlichen Beziehungen chriftlich geherrſcht, chriftlich gehorſamt werde; daß um des Friedens willen, in dem uns Gott berufen¹), Völker und deren Souveräne, die von auswärts her beleidigt würden, ohne Waffengang, — Völker, die von widerrechtlich waltenden Machthabern gequält würden, ja auch Einzelne, denen die vaterländiſche Juſtiz-Verwaltung Gerechtigkeit verſagt, ohne Selbſthilfe ſich an ein höchſtes Tribunal, wo vor Allem der Codex göttlichen Rechtes und billiger Nächſtenliebe beachtet werde, zu wenden haben; dem Ausſpruche dieſes höchſten Gerichtshofes müſſe ſich Jeder fügen, ſollen ihn nicht Kirchenſtrafen, die nöthigenfalls auch in's Weltliche hinüberreichen können, rückſichtslos treffen. Dabei bleibe noch die ſtaatliche Gewalt, als eine von Gott geordnete, aufrecht, ſie müſſe ſich aber auf das Weltliche beſchränken und müſſe ſich, wenn es im Intereſſe der Kirche erforderlich wird, ſelbſt in dieſer Beſchränkung noch eine kirchliche Direction gefallen laſſen. — Allerdings hat auch dieſes Syſtem ſeine Mängel; es fehlt ihm an der rechten, dogmatiſchen Grundlage, es ſetzt den feſten Glauben an die katholiſche Kirche und die parteiloſe Adminiſtration des jeweiligen Papſtes voraus; aber Gregor VII. hat es auch nie als eine dogmatiſche Nothwendigkeit papſtämtlich verkündigt, und wenn die Nachfolger des großen Papſtes (ſo wie die katholiſchen Theologen) ſich um weitere Argumente in der Bibel umſahen, ſo geſchah dies immer nur in wiſſenſchaftlicher Weiſe²). Wäre ihnen dies zu verargen, zumal mit Rückſicht auf ihre Zeit? Das Ziel, dem jene großen Päpſte ſeit Gregor VII. zuſteuerten, ſollte in ſpäteren Zeiten durch das diplomatiſch ausgeheckte Syſtem des Staatengleichgewichtes wenigſtens theilweiſe

---

¹) I. Corinth. VII, 15.

²) Bisweilen doch gar ſehr bedenklich, wie in dem Argumente von den zwei großen Lichtern des Himmels (c. 6. X. de maj. et obed.), von den zwei Schwertern, die doch gewiß beide von Eiſen waren, nun aber doch das Weltliche und Geiſtige vorſtellen ſollen!

erreicht werden; aber was kümmern sich Ruhmbegierde und Herrschsucht um politische Statik? Man hat auch Projecte zu einem ewigen Frieden gemacht — mit welchem Erfolge, zeigen die mörderischen Schlachten, wie sie für französischen Ehrgeiz, für italienische Nationalitätsgelüste, für preußische Großmachtsucht zum Verderben von Millionen, mit Verwüstung blühender Provinzen, mit Zurückschraubung von Rechtssinn und Humanität um Jahrhunderte erst in diesem Jahrhunderte geschlagen worden sind. Wie man aber bei den Erfindern dieses Staaten=Gleichgewichts=Systems und den Projectenmachern zu einem ewigen Frieden den guten Willen nicht verkennt, so muß man auch den Päpsten, die in ihrem hierocratischen Systeme das rechte Rettungsmittel für Kirche und Staat, Fürst und Volk sehen, Gerechtigkeit in Anerkennung ihres Strebens angedeihen lassen, nicht aber sogar in dem, was sie in subjectiver Ueberzeugung vorbrachten, Beweise gegen ihre Magisterialgewalt suchen wollen.

Keine Concilien mehr, wenn der Papst unfehlbar.

44. Ich habe noch einige andere Schmerzen, welche das Gemüth so manches Gegners der päpstlichen Unfehlbarkeit quälen, zur Sprache zu bringen. Man besorgt[1], durch die gläubige Annahme dieser Lehre werden „Concilien für alle Zeiten ganz entbehrlich; die Bischöfe werden wohl auch künftig sich hie und da in Rom versammeln, um päpstliche Heiligsprechungen und andere Ceremonien mit größerem Pomp zu umgeben, aber mit Dogmen werden sie fortan nichts mehr zu schaffen haben, denn wollten sie den an sich schon aus göttlicher Inspiration geflossenen päpstlichen Ausspruch noch ihrerseits bestätigen, wie z. B. die Synode von Chalcedon das dogmatische Schreiben des Papstes Leo I. nach einer sorg=

---

[1] Janus, S. 50.

fältigen Prüfung (?) gebilligt hat, so hieße das dem Sonnenlicht mit Laternen zu Hilfe kommen wollen. Das definiens subscripsi womit die Bischöfe sonst auf Concilien die doctrinellen Beschlüsse unterzeichneten, wäre fortan eine Blasphemie." Allgemeine Concilien — nur von diesen ist hier wohl die Rede, da Glaubensbestimmungen nur auf diese gehören — haben keine dogmatische Nothwendigkeit: wenigstens hat diese noch Niemand bewiesen. Sie haben allerdings unter besonderen Umständen ihr Gutes, sind also opportun, nicht aber wesentlich im Organismus der Kirche. Damit ist eigentlich der ganze Schmerzensruf schon abgefertigt. Verlangen es die Umstände nicht weiter, so mögen sie immerhin wegfallen, sie können, da sie kostspielig, unbequem, der gewöhnlichen Kirchenverwaltung in den Diöcesen störend entgegenstehen, weder dem Papste noch den Bischöfen erwünscht sein. Ob freilich die Umstände darnach sind, daß ein allgemeines Concil ausbleiben kann, muß der Beurtheilung dessen, der im Centrum der Kirche steht, überlassen bleiben. Wenn sich z. B. um eine neue Glaubensfrage bereits starke, einander heftig zusetzende Parteiungen gebildet haben, der Mann, der jetzt im Pontificate stehend darüber zu entscheiden berufen ist, selbst und früher schon, ehe er noch Pontifex geworden, an dem Streite betheiligt gewesen ist; da möchte es vielleicht doch die Klugheit verlangen, für die Wahrheit der päpstlichen Entscheidung auch noch die Stimme des Episcopates in Anspruch zu nehmen, um auch in menschlicher Weise dem Vorwurfe der Parteilichkeit zu entgehen. Dann sind ja doch Glaubensfixirungen nicht der einzige Zweck allgemeiner Concilien. Auch sehr tief eingreifende Disciplinarbestimmungen von allgemeiner Bedeutung, deren Zweckmäßigkeit doch nur durch genaue Erwägung der factischen Verhältnisse garantirt wird, könnten es nothwendig machen, den Episcopat zu berathen und unter seinem Consens zu bestimmen. In beiden Fällen, es mag sich um eine Glaubenssache oder um eine Disciplinarbestimmung handeln, haben die zu einem Concile zusammen berufenen Bischöfe ihre freie, eigene Ansicht abzugeben und mit dieser zur endgiltigen Sentenz, die stets durch Stimmenmehrheit vermittelt wird, zu concurriren und können eben deßhalb mit vollem Rechte wie bisher „definiens subscripsi" sich unterfertigen ¹), — daß auf den bisher gehaltenen ökumenischen Concilien auch noch Anderes verhandelt worden, weiß jeder, der auch nur ganz oberflächlich Kirchengeschichte gelesen. Doch dürfte zwecks kirchlicher Execution, wozu vornehmlich das erste Lyoner Concil berufen war, nicht wieder ein Concil zusammen kommen, wenigstens berechtigen die neuesten Erfahrungen zu dieser Annahme; eben so wenig wird man sich in einer fast schon für religiöse Begeisterung abgestorbenen Zeit zu kriegerischen Unternehmungen zwecks Wiedergewinnung jener Stätten, in denen die Wiege des Christenthums gestanden, bestimmen lassen wollen; was sollte in dieser Richtung eine allgemeine Kirchenversammlung? Endlich dürften auch Ausgleichs- und Vereinigungsversuche mit abfällig gewordenen Christenparteien kaum mehr zu einem allgemeinen Concile führen. Die Verhandlungen zu Lyon (1274) und Florenz (1439) hatten doch keinen ausgiebigen, nachhaltigen Erfolg; dann steht die oberste Kirchenregierung mit ihrer moralischen Macht jetzt viel weiter ab von der practischen Politik, als im XIII. und XV. Jahrhunderte, wie sollte sie demnach wieder um ähnliche Hilfe angegangen werden und so in die Lage kommen, auf confessionellem Gebiete hervortretende Leistungen der Staatsgewalt in ihrem Interesse zu beanspruchen? Es sehnt sich wahrscheinlich auch keine von allen akatholischen Parteien mit der Kirche, verhöhnt und besudelt, wie sie in der neueren, zumal deutschen und italienischen Literatur ist, sich zu vereinen. Nicht die im engsten Anschluß an die Staatsgewalt erstarrten Griechen, und vielleicht noch weniger die im Dünkel kirchlicher Freiheit dem immer kräftiger werdenden Zer-

---

¹) S. noch Ballerini, de potest. eccles. c. II. §. 1. n. 5 u. 6.

setzungsprincip des Subjectivismus verfallenen unzähligen Secten der Akatholiken. Wem es die Gewissensfreiheit nach Luthers oder Calvins Autorität verstattet, auf dem Gebiete des Glaubens über die Grenze menschlich möglichen Wissens hinaus, unter der Leitung eines schwer verständlichen Buches sich selbst alle Fragen für sein religiöses Bedürfniß zurecht zu legen, der kann nichts mit dem gemein haben wollen, der nur unter Weisung eines lebendigen Lehramtes, an das eben derjenige selbst verwiesen hat, auf welchen der ganze Inhalt des heil. Buches lautet, in jenen der sich selbst überlassenen Vernunft des Menschen unzugänglichen Gegenden Forschungen machen kann.

So entfällt Manches, was in vergangenen Zeiten Gegenstand allgemeiner Concilien gewesen, nunmehr von selbst; es bleiben nur noch ausnahmsweise Glaubens- und Disciplinarbestimmungen für solche hierarchische Vereine übrig[1]) und da ist dann allerdings für Liebhaber derselben zu besorgen, daß je tiefere und weitere Wurzeln der Glaube an die päpstliche Unfehlbarkeit treiben wird, desto überflüssiger ökumenische Concilien erscheinen werden. Indeß mag dies nur diejenigen betrüben, die vom katholischen Primate wie Janus oder Reichel denken, nämlich darin nur eine Machtüberhebung aus ehrgeizigen und herrschsüchtigen Gründen sehen. Wenn sie dabei mit Wehmuth auf jene Zeiten der Kirche zurückweisen, in der allgemeine Concilien häufiger waren, so meinen sie unter diesen Concilien hierarchische Vereine von Bischöfen, die vom Papste weder einberufen noch präsidirt, ja nicht einmal stets confirmirt waren. Denn, meint Koryphäus

---

[1]) Auch die Aufhebung papal-schismatischer Wirren war Gegenstand bei zwei bischöflichen Versammlungen, zu Pisa (1409) und zu Constanz (1414—1418.). Von einem allgemeinen Concil läßt sich aber doch dort nicht sprechen, wo es an dem obersten aller Bischöfe fehlt. Darum ist das Pisaner Concil und theilweise auch das Constanzer ohne kirchliche Anerkennung geblieben. Wollte Gott, die Kirche käme nie mehr in die Nothwendigkeit, durch solche außerordentliche Mittel sich Hülfe zu verschaffen.

Janus, „die Kraft und Autorität ihrer Decrete lag in dem Consens der Kirche, wie er sich auf der Synode und nach derselben in allgemeiner Zustimmung kundgab."[1]) Daß man auch nicht ein einziges Mal den Concilbeschluß auf den nachfolgenden Beitritt der abwesenden Bischöfe bedingt stellte, vielmehr in Folge päpstlicher Intervention jeden sofort für bindend ansah, das wird freilich weise verschwiegen, wohl aber heißt es in ganz willkürlicher Negation: „In Rom hat man später, als diese Thatsache zu der mittlerweile aufgekommenen Theorie nicht mehr passen wollte, eine Bestätigung der Nicänischen Synode durch den Papst Sylvester erdichtet." Mit solchen Denunciationen ist Janus überhaupt sehr freigebig und sein Leser erhält keinen Beleg dafür, also muß er sich im vollsten Vertrauen auf die deutsche Gründlichkeit nur an das Αὐτὸς ἔφη halten, dagegen alle, selbst die glaubwürdigsten Zeugnisse des Alterthums und darunter auch die Referate des ehrwürdigsten Vertreters der katholischen Sache zu Nicäa, Sct. Athanasius, hintansetzen. Dies gilt auch für die weiter folgende Behauptung: „Nur ein Mittel hatte die Kirche gegen das in ihrem Schooße um sich greifende Verderben bis dahin gekannt, das der Concilien. Aber die Stellung, welche die Päpste seit Gregor VII. zu den Concilien einnahmen, mußte auch dieses unwirksam machen. Die Concilien wurden zu einem Werkzeug der päpstlichen Herrschaft verkehrt und in einen Zustand von entwürdigender Unfreiheit versetzt, welcher nur den Schatten dieser altkirchlichen Institute übrig ließ."[2]) Wie doch überall Gregor VII. als die giftige Wurzel des Unheils erscheint! Unter ihm war zwar kein ökumenisches Concil — gleichviel, er stellt sich doch der erste so verkehrt gegen ein solches!

---

[1]) Janus, S. 82, 83.
[2]) Janus, S. 207.

Das Bibelstudium und jenes der Tradition fallen weg, wenn der Papst unfehlbar ist.

45. Und noch einen Schmerzensruf muß ich hier verzeichnen, da er alle übrigen überbietet und am Ende gar das gut deutsche Bibelherz gefährdet. „Wozu¹)", ruft Janus „noch mühsames Forschen in der Bibel, wozu das zeitraubende, an so schwierige Bedingungen und Vorkenntnisse geknüpfte Studium der Tradition, wenn ein einziger Ausspruch des untrüglichen Papstes die gewissenhafte theologische Arbeit eines Menschenalters wie durch einen Hauch zu zertrümmern vermag und wenn auf eine telegraphische Anfrage in Rom binnen wenigen Stunden oder Tagen die sofort zum Glaubensartikel und dogmatischen Axiom sich gestaltende Antwort erfolgt? Nach einer Seite hin wird sich also das Geschäft der Theologen sehr vereinfachen, wenn auch nach einer anderen hin ihre Aufgabe verwickelter und schwieriger wird." Des Weiteren wird auf den bekannten Streit über den Sinn einer entscheidenden Stelle in der Bulle von Pius V. gegen Bajus verwiesen, und dann heißt es: „Wie wird es nun künftig gehen? Die Rabbiner sagen: An jedem Häkchen in der Bibel hängen ganze Berge verborgener Erkenntnißschätze. Das gilt dann auch von den Häkchen der päpstlichen Bullen, wie denn überhaupt die Theologie unter den Händen der dann allein noch herrschenden ultramontanen Schule immer mehr talmudisch zu werden versucht." — Dagegen sollte man meinen, es werde wohl auch weiterhin Männern, welche die Theologie nicht handwerksmäßig behandeln wollen, daran gelegen sein, so viel von ihnen abhängt, ihr Verständniß vollkommen, ihren Glauben vernünftig zu machen und darum die katholischen Glaubenslehren im Zusammenhange und nach ihren Quellen

---

¹) Janus, S. 51.

kennen zu lernen. Das thaten sie bis jetzt und werden es auch weiter so thun. Erscheint ein päpstliches Declaratorium einer Glaubenslehre, da denn doch von ganz neuen Glaubenslehren, wie wir Katholiken wissen, keine Rede mehr sein kann, so wird es Aufgabe der Theologen sein, nach den Prämissen des päpstlichen Schlusses zu forschen, um sich des Zusammenhanges mit den übrigen Glaubenslehren deutlich bewußt zu werden und den rechten eigentlichen Inhalt des päpstlichen Erlasses kennen zu lernen. Besondere Veranlassungen werden ihnen ohnehin die Gegenbestrebungen schreiblustiger Akatholiken, liberaler Confessionsloser u. s. w. geben; darauf aber mögen alle diese Herren gefaßt sein, daß ihnen mit einem leidigen: der Papst sagt es, auch künftighin nur dort begegnet werden dürfte, wo der Denkende keiner für ihn passenden Antwort gewärtig sein kann. Sollte es sich aber treffen, daß durch einen einzigen Ausspruch des untrüglichen Papstes wirklich eine mühevolle, gewissenhafte Arbeit theologischen Inhaltes vernichtet würde, so wird sich der Mann des Glaubens in bescheidenem Gehorsam zu fügen wissen. Gewiß! Fenelon, Günther geben dafür herrliche Vorbilder. Wie glänzend stehen sie gegenüber den neuesten Iconoclasten mit deren classischer Schmäh- und Schimpfkunst! Oder könnte es einem katholischen Gelehrten mehr Beruhigung geben, von einem bischöflichen Gesammt-Judicium zurecht gewiesen zu werden? Gewiß, wenn er die Stimme seines obersten Kirchenhirten à la Sybel anhört, nicht aber wenn er weiß, daß der Nachfolger dessen spricht, der mit seinen übrigen Amtsbrüdern sich hinsichtlich dessen, was er lehrte, auf den „Geist aus Gott[1]" berufen kann. — Ob es übrigens so leicht gehen wird, in ein paar Stunden oder Tagen auf telegraphische Anfrage in Rom ein papstämtliches Telegramm zu erlangen, das wird sich zeigen, wenn Janus den Versuch machen will. Der Papst wird seine Würde zu

---

[1] I. Corinth. II, 12. 13.

wahren wissen; oder soll man wirklich annehmen, daß jetzt an der Curie ein eigenes Auskunftsbureau dafür bestellt ist, jedem fürwitzigen Narren aufzuwarten, oder einer bezahlten Spürnase Material für Journalfrechheiten zu liefern? Und wenn es wirklich so leicht sein wird, authentische Auskunft in dogmaticis von dem Papste zu erhalten, wie soll doch die Interpretation päpstlicher Bullen schwieriger, verwickelter werden? Kann man doch wieder telegraphisch oder sonst wie anfragen, um über eine zweifelhafte Stelle Gewißheit zu erlangen. Möglich, daß der Papst indeß gestorben ist, nun da gebührt dieselbe Fähigkeit, dasselbe Recht des Declarirens seinem Nachfolger. War es ja auch so, als sich über den Sinn der gegen den Löwener Professor Michael Bajus erlassene Bulle Pius V. „Ex omnibus afflictionibus" (1566) Zweifel erhoben! Es erklärte sich erst auf des Professors Bitte derselbe Papst und da noch keine Ruhe war, auch sein Nachfolger Gregorius XIII. in der Bulle: „Provisionis nostrae" (1579). Die in den Vordergrund gezogenen Rabbiner sollen in dem Ablösen der an ihren hebräischen Bibelhäkchen hängenden Schätze, wären diese auch noch so verlockend, katholischerseits nicht gestört werden, unsere Theologen haben wahrlich keine Ursache, sie um die schwere Arbeit zu beneiden; der Katholik ist an ein unfehlbares Lehramt seiner Kirche gewiesen, das ihm bereitwillig helfen wird zum richtigen Erkennen auch jener „etlichen Dinge," die im neuen Testamente schwer zu verstehen sind und die Ungelehrigen und Leichtfertigen verwirren[1]." Wie aber unter diesem Lehramte die katholische Theologie immer mehr zu vertalmudisiren versuche, wäre wohl einer näheren Angabe und Beweisführung würdig gewesen; diese Anschuldigung der ganzen Theologie zu machen, ist, wenn man den erbärmlichen Inhalt des Talmuds neben einigen darin enthaltenen Sittenlehren und jüdischen Klugheitsregeln kennt, doch

---

[1] II. Petr. III, 16.

gar zu arg, läppisch und boshaft zugleich. Oder soll es ein blos launischer Ausdruck sein, mit dem angedeutet werde, daß Janus mit der ihm eigenthümlichen Spürkraft vorwärts- und rückwärtsschauend wieder einer Fälschung, einem Betrug des Papstes, der römischen Curie, der auf blinden Gehorsam verpflichteten Ordensleute oder anderer Dunkelmänner nachwittert? Wäre möglich, daß ihm die Barricade, die er aus allerhand schlechtem Material mit Titanen-Mühe in seinem Buche zusammengebracht, noch immer nicht hoch genug scheint, um mit gewünschtem Erfolge gegen den verhaßten Felsen und die darauf erbaute Kirche zu operiren. Nun, so mag er im trotzigen Selbstbewußtsein weiter bauen und sich helfen lassen von seinen im blöden Dünkel des Besserwissens um Geistesfreiheit und deutsche Wissenschaft besorgten Freunden in München, Prag, Zwettl. Auch die vom Gefühle tiefer Verschuldung gegen die Kirchen-Selbstständigkeit gedrückten und von steter Angst, wieder zu verlieren, was der Staatsgewalt vom Gebiete kirchlicher Jurisdiction widerrechtlich annectirt worden ist, gequälten Politiker werden bauen helfen; die errungene Preßfreiheit ebnet ihnen doch die Wege und das Bauterrain. Die Verheißungen aber lauten, daß auch die Pforten der Hölle die auf dem Felsen des festen Glaubens Petri gegründete Kirche nicht überwältigen werden und daß Himmel und Erde vergehen, aber des Herrn Worte nicht vergehen werden[1]). Darum wird der Primat der Kirche mit dem immanenten Vorzuge der Glaubens-Unfehlbarkeit, als ein wesentlicher Bestandtheil des kirchlichen Organismus, was auch immer Widerchrist schreien und prophezeien mag, so gewiß eine Zukunft haben, als er aller Stürme in und um die Kirche ungeachtet eine Vergangenheit von achtzehnhundertachtundreißig Jahren hat.

---

[1]) Matth. XVI, 18. XXIV, 35.

Schlußbemerkung.

46. Zwar mit der weltlichen Herrschaft des Papstes scheint es vorüber zu sein; für jetzt gewiß, ob auf immer oder auf welche Zeit, weiß Niemand. Durfte der siebente Pius, den jener gewaltige Schlachtenkaiser aller Souveränetät entkleidet, sogar in französischer Gefangenschaft anhielt und persönlich mißhandelte, fünf Jahre später, nach dem großen Gerichte des Ewigen, sein Osterfest haben, so kann es auch der neunte Papst dieses Namens; vielleicht macht der in seiner Wunderkraft verhöhnte Allmächtige wieder ein Urtheil und läßt es an dem vom Nationalitätsschwindel bethörten Volke vollziehen. Sie haben den ehrwürdigen Vater der Christenheit mit erbärmlichen Garantien für die Freiheit seines kirchlichen Wirkens — natürlich in ihrem Sinne! — umgeben und zum Gegenstande des Völkerspottes zu machen gesucht, eine schlechte Copie des Bildes, wie die rohen Kriegsknechte Christum, als Judenkönig ausstaffirt, gehöhnt haben! Der Herr über Leben und Tod aber erklärt sich deutlich genug für seinen Stellvertreter auf Erden, indem er ihm eine Anzahl von Regierungsjahren zuweist, wie keinem seiner dritthalbhundert Vorgänger im Pontificate zugemessen war. Vielleicht wird eine unparteiische Geschichte dereinst den Commentar dazu machen und über das unwürdige Benehmen nicht blos dessen und jener, die sich an dem Gesalbten des Herrn vergriffen, sondern auch jener Katholiken, die lässig dem frevelhaften Possenspiele zusehen konnten, ihr Urtheil an besonnenere Geschlechter abgeben!

Gewiß, die weltliche Herrschaft des Papstes ist kein wesentliches Stück der kirchlichen Verfassung; Christus hatte nicht, wo er sein Haupt hinlegen konnte, Petrus hatte kein Patrimonium und achthalb Jahrhunderte waren seine Nachfolger im Pontificate staatsunterthänig. Sollte dies trotz aller Veränderungen im socialen Leben wieder so werden? Vielleicht, - um mehr an wahrer innerer Freiheit der Administration, selbst Souveränen gegenüber, zu gewinnen, als blos an äußerlichem Schein verloren geht. Dabei mögen sich die Päpste immerhin erinnern lassen, daß von jenen 93 Päpsten, die weder drei Kronen, noch eine, trugen, nach kirchlicher Anschauung nicht weniger als 70 die Krone unvergänglicher Herrlichkeit t r a g e n.